新版

「3つの言葉」だけで売上が伸びる質問型営業

青木 毅

Takeshi Aoki

ダイヤモンド社

はじめに

「あっ、そうか！　これが営業の秘訣だったのか」

私は42歳のとき、人材教育カリキュラムの営業をしていました。説明し、説得し、そして売り込む典型的な営業マン。成果は出していたものの、お客様のために役立っているのか、お客様は本当に喜んで採用しているのか、考えるたびに、暗くなっていました。

それがある経営者との商談で、冒頭の言葉が私の心の内から湧いてきたのです。

第1章に詳しく再現した営業シーンをぜひ読んでいただきたいのですが、たった1回の商談で多くの奇跡が起こりました。信じられないかもしれませんが、**商品説明を一切せず成約できた**のです。

私が13年間、追い求めていた営業の秘訣**「お客様に自発的に買ってもらう」**ことがわかった瞬間でした。この1回の面談で私の営業人生が全く変わってしまったのです。

それ以来、私はまるで魔法にでもかかったかのように、営業スタイルを変えることができました。いや、違います！　私は長い間信じこまされていた営業スタイルの魔法から解き放たれたのです。

信じこまされていた営業スタイルとは、

「営業とは辛く、苦しく、大変なもの」

「営業とは努力と根性でつかむもの」

「お客様は神様のような存在」

でした。


その魔法が解けた瞬間、私の営業スタイルは、

「営業とは楽しく、嬉しく、感動的なもの」

「営業とは喜びの中で自然につかむもの」

「お客様は出会ったときから友人」

に変わったのです。

それ以降、私の営業は、さらに経験を踏まえ、絶対的な確信と強烈な信念に変わりました。

この営業スタイルを「質問型営業」と名づけました。現在、**4万人にこの営業術を指導し、自動車、生保、住宅業界をはじめ、さまざまな業界で採用され、数多くのトップ営業マンを排出**しています。

営業場面において、「ほしい!」という欲求が芽生えないうちに、説明をしてしまうから、皆失敗するのです。そのためには、**聞く順番を正す**こと。次の**「3つの言葉」を会話に順に取り入れるだけで、確実にお客様の反応が変わる**のです。

「なぜ?」「たとえば?」「ということは?」です。

本書では、「質問型営業」が生まれた背景、多くの説明型営業マンが質問型営業マンに変わるために必要なことを第1章、第2章を中心に書いています。

すぐに実践したい方は、54ページ『なぜ?』『たとえば?』『ということは?』の3つの質問で売上が伸びる」からお読みください。

また、２０２０年初頭から、世界はコロナ禍に陥り、大きく変化しています。ビジネス界にもそれは起こり、特にお客様と直接面会することで成り立ってきた営業の世界にもとんでもない変化が起きています。

そのような状況であっても、質問型営業は、見事な成果を発揮しています。私自身、仕事がほとんどキャンセルになり、ゼロになりました。しかし、今では毎日研修があり、仕事の95％が自宅からで、時間効率がよくなり、浮いた時間もまた、すべて研修に当てています。

この1年、営業で苦悩する人を多く見てきましたが、これもまた、質問型営業のスキルですべて解決できます。詳しくは、新規に追加した第5章「オンライン営業はネット以前の営業でうまくいく」をお読みください。

特に今回、7年間読み継がれている本の新版です。今までの集大成として、「質問型営業」の原則と方法を紹介しています。「質問型営業」を身につけるために必要な専用シートも用意しました。

また、研修の人気コンテンツ「ロールプレイング」と「振り返り」をこの本で完全再現しています。「読んでできる」を基準に書きましたので、実行すれば「質問型営業」を実感できます。

営業マンによって、それぞれ課題は異なると思います。本書では、すべてに応えられるように、「アポイント」「アプローチ」「プレゼンテーション」「クロージング」「フォローアップ」の5つのステージにおいて、質問をどのように使えば効果的なのかを第3章で詳述。5社の企業事例があるのでぜひ参考にしていただきたいです。

一人の営業マンが「質問型営業」をどのように吸収し、どのような成果を出したのか、どれも私の想像を超え、すばらしい実績を誇っています。質問型営業を学んだ人は、3か月でマスターしています。

私は営業の世界に36年前に足を踏み入れたときから、残念に思っていたことがあります。それは、営業の世界で喜びを感じ、私をナンバーワンに押し上げてくれる具体的な「秘伝の書」のようなものがなかったことでした。私はこの本こそがあなたにとってその本になると信じています。

現在、日本を超えて海外5か国で翻訳され、中国や台湾では直接、指導しました。その勢いは、さらに拡大しています。

この本は**営業を「楽しく、嬉しく、感動的なもの」にするもの**です。

そして、**営業を通して出会ったお客様が「あなたの人生のかけがえのない親友」となる**のです。

「営業とは喜びの中で自然につかむもの」であることを実感してください。

必ずや、あなたが、この本を通して、営業の大いなる喜びを実感し、その結果として、あなたの人生が大きく変わることでしょう。

『[新版]「3つの言葉」だけで売上が伸びる質問型営業』[目次]

第1章 お客様に感謝されながら、質問で実績をあげる

第2章

たった3つの質問で奇跡が起こる

第3章

売上が伸びる秘密は、「聞く」の実践にある

第4章 今日のことを明確にし、振り返ると営業力は倍増する

第5章

オンライン営業はネット以前の営業でうまくいく

第6章

質問型営業はなぜこれほどまでの成果が出せるのか？

第1章

お客様に
感謝されながら、
質問で実績をあげる

「売るのではなく、買ってもらう」

私が29歳のとき、この言葉は私が読んだある冊子にありました。それについて、詳しい説明が書いてあるわけでもありません。**「営業マンが売るのではない。お客様に買ってもらうのだ」**とだけ書いてあったのです。このたった一行が私にとっては衝撃でした。

この意味は次のようなものです。

「真の営業マンは、決して『売らない』。なぜならば売るという行為は営業マンが行うから。真の営業マンはお客様に『買ってもらう』。それは、お客様が自らの意思で、自発的に行うものなのだ」

これを読んだときから、「売るのではなく、買ってもらう」が私の営業における理想であり、目標となったのです。

ただ、この目標は、あるときは私の励みになり、あるときは私を苦しめるものにもなりました。なぜならば、意味はわかっても、実現するのは非常に難しかったからです。

私は当時、人材教育カリキュラムの営業を担当していました。お客様の多くは経営者の方々で、首を縦に振らせることがなかなかできません。そこで、私は若さを売りに、最後には熱意で押し切りました。


「社長、この教育は必ず御社にとって、大きな利益を生み出します。ですから、ぜひ取り組んでください!!」


お客様の社長はしばらく考えたのち、たいてい最後にこう言いました。

「青木さん、あなたの熱意に負けたよ。じゃ、取り組んでみるよ」

私は「お客様は私を信用してくれたんだ」と思い込んでいました。

ところが、帰り道、必死で営業したことに対する妙な疲れとともに、私の心の中から「お前、また売ったな」というささやきが生まれてくるのです。私には、「そうなんだ。結局は、私が押し切って売ってしまったのかもしれない」という反省が残りました。

もちろん、このような「売る」営業ばかりではありません。「買ってもらう」こともありました。それはお客様が人材教育について、すでに興味を持っている場合です。

ところが、そういう場合は私が話をしなくても買われます。問題は、それ以外の人にどのように営業するか、です。

「何のために営業しているのか？」

私は「売るのではなく、買ってもらう」の実現を目指すとともに、もう１つ大きなテーマがありました。**「何のために営業しているのか？」**です。

あなたは「何のために営業しているのですか？」と聞かれたら何と答えるでしょうか？

もちろん、**「お客様のお役に立つため」**ですよね。お客様の生活や人生が商品やサービスによって快適になる、便利になる、豊かになる、楽しくなるからこそ、おすすめしているのです。

では、営業マンがお客様にお役に立つことができれば、お客様はどのように言われるでしょうか？

「いやぁー、いいことを教えてもらったよ。ありがとう！」

「そうか、そういうことだね。問題が解決できそうだよ。ありがとう！」

「これは便利だね。楽しく生活できそうだよ。ありがとう！」

役立つとわかれば「ありがとう！」と、感謝の言葉がどんどん出てくるはずです。お客様に私どもの商品・サービスを提供して、よりよい生活へのお役立ちができる。そして喜ばれ、感謝を受ける。それこそが私たち営業マンの喜びです。

でも、当時の私には、お客様のお役に立とうと思って営業に行っても、そのようにならなかったのです。


「いやぁー、ご理解いただき、ありがとうございます」

「必ず、役立てていただけますので。ありがとうございます」

「無理を言っていませんか。そうですか。本当に、ありがとうございます」

お客様に採用していただきました。なのに、なぜ、私は「ありがとうございます」を連発してしまうのでしょうか。

もちろん、お客様から商品の代金をいただきます。でも、その商品でよりよくなるのは、お客様。「むしろ、お客様のほうが、得するくらいだ。だから、お客様と営業マンの関係はフィフティフィフティだ」と、いくら言い聞かせても、契約時になれば、やっぱり、お客様に向かって「ありがとうございます」。もう、悲しいくらいです。疲れます。

なぜ、私はこのようになってしまったのか？　私自身の中で、お客様にとって必ずお役に立つという実感が弱かったからです。

「お客様は商品・サービスのメリットを十分に感じてもらえた。そして、自分の欲求・ニーズ・課題を解決できるとわかってもらえた」と私自身が実感すれば、自信を持っておすすめできます。

このときこそ、お客様から「いやぁー、いいことを教えてもらったよ。ありがとう！」と言っていただけるはずです。この状態になるには、どうすればいいのだろうと随分考えてきました。

では、その秘訣とは何か？

それは、お客様への**「お役立ちへの純粋な動機」**です。「役立ちたい！　喜んでもらいたい！　商品・サービスを通して、貢献したい！」という気持ちです。

お客様が採用しようが、採用しまいが関係ありません。「聞いてもらいたい、知ってもらいたい。情報だけでもお役に立てていただきたい！」というお客様への気持ちを育てることです。もちろん、面会前にその気持ちでお客様のところに向かうことは大事でしょう。ところが、もっと重要なのは、お客様を目の前にして、その気持ちをさらに高めることです。

ある経営者との面会が私の営業スタイルを変えた

「売るのではなく、買ってもらう」「営業とはお役に立つこと」。2つを実現するには、お客様に対して**「お役立ちへの純粋な動機」**を持つことです。私はある体験を通して、これをはっきりと感じることができました。

とある中小企業の社長に、人材教育カリキュラムを紹介したときのことです。私はまず名刺交換をして、簡単な挨拶を済ませ、このような質問で切り出しました。

「社長、今日はお時間を取っていただき、ありがとうございます。ところで、なぜ、お時間を取っていただけたのでしょうか？」

「私のほうも教育については考えていますのでね」

「なるほど、そうなんですね。ところで、会社を設立して何年になりますか？」

「そうですね、もう20年になりますね」

「なるほど。なぜ、この会社をつくられたのですか？」

「実はですね……」

よく話をしていただける方でした。ここから、いろいろ話が始まったのです。

「実は私は中学を卒業して集団就職で田舎から出てきたんです。住み込みで朝から晩までよく働かされました。よく怒られましてね。とにかく仕事を覚え、一人前になることが目標でした。数年経って、少しずつ仕事を覚えるようになって、多少余裕が出てきました。仕事も任されるようにもなりましたね。そして、いつかは自分でも独立して仕事してみたいなーという願望に似たものが出てきました。でも、そんなことは夢のまた夢です。そんな夢など振り切るように仕事をしました。

その後、数年経ったときに今の女房と出会ったんです。この女房と付き合うようになりましてね。それでね、会っているときに何となくそんな話になったんですね。私は夢の夢だけどって言いながら、『独立なんかしたいけどね』って冗談のように言ったのです。そしたら、女房が『あんた、それやってみようよ。私協力するから』って言いだしてね。私もびっくりしたのですが、そう言われるものですから、しばらく間をおいて『じゃ、やってみるか』ってね。

それから、その夢に向かって、二人で一生懸命お金をためてね。二人のデートのときなんかも、ほとんど使いませんでしたね。本当に随分節約しましたよ。そして、ついに独立の日が来たんです。５年かかりましたよ。事務所をかまえ、入口に会社の看板をかけたときは嬉しかったですね。今の女房に『ありがとう』ってお礼を言ったときに思わず涙が出ました。女房もね、『いいや、あんたが頑張ったからだよ。こちらこそ、ありがとう』と言ってくれましてね。そのときには二人で抱きあって、おいおいと声を出して泣きましたよ。

そしてね。そのとき、思ったんです。そうなんだ。夢は見るものでなく、実現するものなんだってね。行動するものなんだってね」

私はその話を聞いて、目頭が熱くなりました。

「それから、20年、いろいろありましたが、何とかやってきました。一緒に手伝ってくれる社員も入ってくれましてね。だからね、青木さん。私はね、いつも社員に言っているんです。私が独立の夢を持ってやってきたように、今の社員にも夢を持って仕事をしなさいってね。もし、独立したいと思うなら応援もするよってね。もちろん、ここを継いでもらう人が出てきてくれてもいいと思っているんです」

私は、ますますこの社長の話に惹かれていきました。そして、この話をずっと聞いているうちに、私の心の中にある感覚が芽生えてきたのです。

それは「この素晴らしい社長に自分も何とかお役に立ちたい！」という気持ちでした。

そうです、これこそが**この人のためにお役に立ちたいという「純粋な動機」**だったのです。

説明ゼロでクロージングできた理由

その気持ちが湧き出た私は、さらに質問を続けました。

「いや、社長のお話に感動しました。現状はどんな感じですか?」

その現状を聞かせていただき、次のような質問をしました。

「教育については、どのようなことをやっておられるのですか?」

社員教育についてもお話ししていただく中で見えてくるものがありました。教育でやっていないことがあり、その部分が重要で、自分ならお役に立てるという気持ちでした。私はさらに質問をしていきました。

さらに、社長の話を聞いている間に、私の中で、これなら絶対に私どもの教育がお役に立つことができるという確信と、私どもの商品・サービスをぜひお役に立ててほしいという純粋な動機が生まれてきたのです。

最初は、**お会いした社長に対してお役に立ちたいという純粋な動機**でした。そして、2

つ目は**商品・サービスでお役立ちできるという純粋な動機**。その感覚は、ちょうど、やかんでお湯を沸かして、ぐらぐら煮詰まり、そして、噴き出してくる感覚でした。

2つの純粋な動機が湧き上がり、一緒になったときに、私の心の中のやかんは、ピーッと音を出して、噴きこぼれたのです。

湧き上がった感情を社長にぶつけるとびっくりされるだろうと思い、静かに声を抑えて次のように言ったのです。

「社長、私どもにいいものがあります。採用されませんか?」

そうすると、社長はびっくりすることに、次のように言われたのです。

「そうだね」

私が「びっくりすることに」と言ったのには理由があります。社長のお話を聞かせていただいて50分ほど経っていました。その間に仕事のことを話したのは、最初の名刺交換時の約1分間でした。

事前に資料をお送りしていましたが、その資料はほとんど読まれていないことも最初に確認しています。にもかかわらず、私が、**「社長、私どもにいいものがあります。採用されませんか？」**と言ったら、**「そうだね」**と答えてくれたのでした。

そして、さらに社長は、私に次のように言われたのです。

「ところで、青木さん、一体何やるの？」

「あー、社長、そうでしたね。まだ、何も話していませんでしたね」

「そうだね」

「じゃ、具体的にお話しさせていただきますね」

このように、次の言葉で私自身もまだ、社長に何も話していなかったことを思い出したくらいなのです。

そこで、初めて私はカバンを開け、中からパンフレットを取り出し、説明したのです。

ただ、このときには、すでに社長のお話を事細かに聞いています。今の教育についての欲求・ニーズ、そして課題を十分に聞いていました。したがって、商品に関しての余計な部分は省き、役立つ部分のページをさっと開けたのです。

最後は説明書を確認してもらっただけで契約に

私はさらに言いました。

「社長、先ほどからの話を聞いていると、この部分のカリキュラムが必ずお役に立つと思うのです。ここにその説明が書いてあると思うのですが、少し読んでみてもらえますか?」

驚くことに、私は説明するどころか、説明書に書いてある文言を読んでもらうように指示したのです。その間、約1分。読み終えた社長は、顔を上げ、私に向かって言いました。

「なるほど、よさそうだね」

「そうでしょう。どんなふうに感じますか?」

またまた、私は質問しました。そうすると、**社長自身が今までの話をまとめ、なぜこのカリキュラムが役立つかを自ら説明されたのです。**

ここで私は、初めてカリキュラムの意図、なぜ役立つのかの理由、どのように行うのかの方法を話しました。それは10分ほどです。

やがて、その話に深く納得いただいた社長に具体的な契約について話し、その場でほどなく契約となり、初面会で即決となったのです。

契約を終え、私が帰るとき、社長は最後に言いました。

「いやー、**本当にありがとう。**何が足らないかよくわかったよ。これからよろしくお願いしますね」

面会時間は2時間。私が話した時間はおよそ20分ほどでした。**初めてお会いしてアプローチから即決での契約**でした。その後、商品を納品したときにも、実に、気持ちよく出迎えていただきました。そして、フォローアップを通して、この社長とのお付き合いが始まったのです。

この面会は私の営業人生を一変させ、営業スタイルが完全に切り替わった瞬間でした。**説明する営業から、聞く営業へ。それが、「質問する営業」**です。

営業とはわかちあい。その鍵は「質問」

前項までのお話、どのように感じられましたでしょうか？

この面会のポイントを整理したいと思います。まず、なぜこのような展開になったのか、なぜこのように初面会で、即決の契約になったのか。

それは、2時間の面会時間で私が深い話をできたからでしょう。**初面会にもかかわらず、社長が自分の気持ちや欲求・ニーズ・課題を出し切ったから**でしょう。社長が今まで会った人の中で、誰よりも、私に自分の気持ちを話されたと言えるかもしれません。

私は若い頃に営業について、いろいろなことを教わりました。その中で人間関係での結び方で印象深い言葉があります。それは次のようなものでした。

「人間関係は会う回数ではない。1回の面会でどれだけお互いが深く知り合うか。それが大事である。一流の営業マンは1回の面会で一気に深め合うことができる。さらにすごい営業マンは、その1回の面会で、お客様を感動さえさせる。1時間ほどの面会で、お客様を立ち上がらせ『あなたのような方に会えてよかった。本当にありがとう』と抱きつかれさえするのだ」

この話に私も感動しました。今まで、そういう営業マンにどうしたらなれるかを一生懸命考えてきました。もちろん、そのレベルにはまだまだ達してはいません。しかし、それに近い場面も出てくるようになりました。そして、わかったことは、**お互いの信頼関係とは、互いの人生をわかちあうことから始まるということ。**それは、互いの生き方のわかちあいです。

つまり、どういう生き方をしてきたかという**「過去」**と、これからどういう生き方を目指しているかという**「未来」**、今はどうなのかという**「現在」**なのです。これを互いに話し合うことです。

あなたの親友のことを考えてみてください。親友とは包み隠さず、互いに何でも話し合える仲のはずです。それはまさしく互いの過去を知り、目指していることも知っているからでしょう。だからこそ、互いの近況も遠慮なく話し合える仲なのです。家族以上に話し合えることもあるはずです。これは互いの個人的なことを深く知り合う仲という言い方もできるでしょう。

この関係をお客様ともつくればいいのです。営業の場合は、**お客様のことをまず先に聞かせていただくことでしょう。次に自分のことも明かし、わかちあう**のです。そうすれば、あなたは1回の面会でも互いにわかりあい、お客様と親友のようにもなれるのです。

よく、「ここだけの話だけどね」「初めて会う人にこんなことをお話しするのは初めてだけど」「なんか、不思議に喋らされたね」などと言われたことがある人もいるでしょう。それはまさに互いにわかりあい、親友に近づいた証拠なのです。

互いにわかりあい、理解し合える仲になること。そうなると、二人は正直な気持ちで話し合えます。誰にも明かしたことのなかった**「本音」**で、です。それは、その人の**本当の欲求・ニーズ・課題など**です。

このような話の中で、あなたはお客様に対して、「お役立ちへの純粋な動機」を湧き上がらせることができます。そのときには、あなたは営業マンというよりも、お客様の協力者として、相談に乗ったり、アドバイスできたり、自信を持って提案ができるのです。

そのための鍵は何なのか？　それが**「質問」**なのです。

質問によって、営業マンのあなたはお客様との話の内容をコントロールし、個人的な過去のことから、今後目指しているもの、現在の仕事のこと、そして、お客様の現状の欲求・ニーズ・課題のすべてを聞けるようになるのです。

アプローチ即決クロージング

先ほどの私の営業場面がすごいのは、初面会で即決したことだけではありません。もっと驚くことが起こっているのです。それは、プレゼンテーション前のアプローチの段階で、私が社長に「社長、私どもにいいものがあります。採用されませんか？」と言ったら、「そうだね」と答えてくれたことでした。

この時点で、社長自身は商品のことを何もわかっていなかったのです。にもかかわらず、まず、私が**「採用されませんか？」とクロージングに入ったことがすごい**のです。

そして、社長自身も私のクロージングを受けて、「そうだね」と答えてくれたことが、またまたすごいのです。

何も、私が優秀な営業マンだと言っているのではありません。**アプローチで契約に結び**

ついていることがすごいのです。それも商品についてははっきりわからない状態で、です。

つまり、**アプローチ即決クロージングができた**のです。

昔、私の先輩に、伝説の営業マンと言われている人がいました。その方はその仕事をすでに10年ぐらいやっており、代理店を経営していました。その年も、全国の代理店の中で、代理店部門と個人営業部門のどちらもトップの成績でした。

そのトップ営業マンでもある代理店社長から話を聞かせてもらうチャンスがあったのです。そのときに聞いた話がこの「アプローチ即決クロージング」だったのです。

「何もまだ、商品の話をしないうちから、やりたいと言われる。困ったものだ」とその方は言われていました。

「プレゼンテーションもしないうちから採用を決めるなんて、そんなすごいことが営業場面で本当に起こるのか？」、私は疑心暗鬼でした。「でも、もし、本当にそのようなことができるなら、私もそんな営業マンになってみたい！」と当時、思ったものです。

それを改めて思い出しました。状況などは違いますが、何も商品の話をしていないうちに「やってみよう」と判断される。まさにこれがアプローチ即決クロージングなのです。

お客様に喜ばれ、感謝される質問型営業

営業とは、辛く、苦しく、大変なものではありません。営業とは、楽しく、嬉しく、感動的なものです。それはなぜかというと、**お客様に喜ばれ、感謝される**からです。自分が提供した商品・サービスが喜ばれ、感謝される。こんなに嬉しいことはありません。

よく、営業マンにモチベーションを与えるために、コンテストをやります。また、評価制度や会社の方向性を示して、営業マンのモチベーションを高めるというのもよくある例です。これらはもちろん、大事です。ただ、私の経験上、声を大にして言いたいことがあります。

営業のモチベーションは、お客様に喜ばれ、感謝されること以外にないということです。

それこそが、営業マンの最大のモチベーションです。これだけで、百人力なのです。お客様の喜びと感謝は、自分がやっていることへの賞賛。自分がやっている行為が人の役に立っている証しです。

また、営業マンは、営業だけでなく、お客様と人間関係をつくり、人生そのものを楽し

く、嬉しく、感動的なものにするのです。お客様に喜ばれ、感謝されるには、お客様に対しての「お役立ちへの純粋な動機」を持った営業を行えるようにすることです。その純粋な動機とは、「お客様へのお役立ち」と「商品・サービスでのお役立ち」の2つです。

では、その気持ちをどのようにつくるか？　ただ単に、お客様の要望を聞くだけでは不十分です。お客様に対しての「お役立ちへの純粋な動機」をつくり上げるためには、まず、お客様自身のことを聞かせてもらわなければいけません。そのために「質問」を用意するのです。

そして、お客様の欲求・ニーズ・課題を引き出し、自社の商品・サービスをもって、お役立ちできる信念をつくり上げなければなりません。

そのための質問へとスムーズに入る方法がいるのです。それを質問の「型」にして、つくり上げたものが「質問型営業」です。この「型」とは、質問そのものの言葉の「型」と、お客様の欲求・ニーズ・課題を引き出す順番の「型」なのです。

質問型営業の実践を集中的に行えば、わずか3か月で習得できます。もちろん誰にでもできるものです。その効果は**あなたの日常の営業を楽しく、嬉しく、感動的なものにし、お客様から感謝され、あなたの営業成績も確実に上げるものになる**のです。

なぜ、そのように私が言えるのか？　これまで質問型営業を指導した企業、個人の中に実践をとおして成果をあげた人が数多くいるからにほかなりません。

第2章

たった
3つの質問で
奇跡が起こる

なぜ喜ばれるのか？ふと考えると理由が見えてきた

「なぜ、こんなに自然体で営業ができるのだろう?」

「なぜ、お客様は今までにない笑顔で私を出迎えてくれるのだろう?」

「なぜ、断られてもこんなに楽しいのだろう?」

「なぜ、売上が楽に伸びるのだろう?」

「なぜ、仕事が終わったあとのビールがこんなにもおいしいのだろう?」


「なぜ?」「なぜ?」「なぜ?」……。

私の頭の中には当時、こんな疑問がよく湧いていました。なぜかわからないけど楽しい、嬉しい、やる気が湧いてくる。もう、鼻歌うたって、スキップして……ただ楽しくて仕事をしている感じでした。

喜びの感覚はかつての説明型営業にもありました。ところが、**説明型営業と質問型営業**

とでは喜びの質が全く違うのです。前者は、私が必死で成果をあげていたのに対し、後者はお客様に喜ばれて嬉しいうえに、成果は自然にあがりました。

質問型営業をスタートさせた途端に、人材教育の代理店のコンテストで日本一の成績になりました。「3か月ぐらいじゃ、わからない。もう1年間やってみよう」と思ったら、また日本一になったのです。この業界の商品は世界に広がっていて、毎年、世界大会があります。ここで毎年一番活躍した人に世界大賞が授与されるのですが、それにも私が選ばれたのです。

でも、一番や賞よりも、私にとって本当に嬉しかったのは、13年間の重苦しい営業から抜け出し、本当に喜んでもらえる営業ができるようになったことです。目の前でお客様から「ありがとう！」って、言ってもらえるようになったことです。何しろ、13年間ですからね。もう、大声で両手を挙げて「やった!!!　やった!!!」と叫びたい気分だったのです。

しばらくして、あまりにもうまくいくし、嬉しいとか楽しいという感情の高ぶりが大きいので、なぜ、このような気持ちになれるのだろうと思って、自分を振り返ってみました。

すると、だんだんうまくいく理由が見えてきました。**私がお客様の前で行っている質問**

にはパターンがある、と。さらに、**私の質問には順番もある**ようだと感じ、それを分析していくと質問の手順が見えてきたのです。

なぜ、このように質問するとうまくいくのだろうかと考えていくうちに、それまでにも感じていた営業の2つの原則としっかり結びついたのです。

それをこの章ではお話しします。質問型営業の原則と方法です。それは、「お役立ちへの純粋な動機」を育てる方法でもあります。

まさに**「お役立ちへの純粋な動機」を「質問」によってシステム的に育てる**のです。どうか、しっかりと取り組んでください。

営業は質問の順番で決まる

まず、原則からお話しします。第1の原則は**「営業とはお役立ち」**です。これはまさしく、どのような仕事も人に役立つためにあるということです。

お役に立ちたいという気持ちで、困っているお客様を解決する、そして望んでいることを実現するサポートが営業の仕事です。この気持ちで接することで「お役立ちへの純粋な動機」を育てることになるのです。

もちろん、その話を聞くかどうか、採用するかどうかを選択するのはお客様です。何も、営業マンが売りつけようとしているのではないのです。どこまでも、**お役立ちが営業の仕事**だと、営業マンはしっかりと頭に叩き込んでおくことが必要でしょう。売りにいくのではありません。お役立ちしにいくのです。その結果としてお客様がそれをほしいと思ったり、必要だと思われたりしたら買われるのです。

では、どのような形でお役立ちを行えばいいでしょうか？　残念ながら、自分の商品・サービスの情報提供を優先すると次のようになります。

「今日はお忙しいところ、お時間を取っていただきありがとうございます。とにかくお役に立つ情報だと思いますので、早速お話をさせていただきます。実は私どもの商品は……」

もし、あなたがお客様で、このように言われたら、だまって、素直に聞かれるでしょうか。もし、聞くとしても、「まー、しょうがない」と思い、半ば諦めの状態で話をしばらくは聞かれることでしょう。ただ、しばらくしてつまらなければ、途中で割って入って、「ちょっと時間がないので、端的に用件を言ってくれるかな。それで、結論は何？」と言いたくなるでしょう。

だからこそ、お客様に対する「質問」が先なのです。まず、**「お客様が何を望んでいるか？」「何を必要としているか？」「何を解決したいと思っているか？」**を質問して聞くことです。そのための解決策として、商品・サービスの提案が最後にできればベストです。

ところが、いくらそう思って質問をしても、うまくできない。お客様が答えてくれない。お客様自身もよくわかっていない。質問すると、お客様から「そんなことより、早く説明してくれ」と言われてしまうなんてことありませんか。そうなんです。ここでつまずくから、質問をうまく使うことができないのです。

これをどのように解決するか？　3つのポイントがあるのです。

①お客様に好意を持つ

まず、**お客様のことを好きになろうとする**ことです。そうすれば、興味・関心が出てきます。目の前のお客様のことを知りたいという気持ちから自然に質問が出てくるのです。

お客様も目の前の営業マンが自分に好意を持って、興味・関心を持ってくれているとわかると、自然に答えてくれるものです。

そこから、欲求・ニーズ・課題についても、自然に質問ができるようになってきます。

これがお客様への「お役立ちへの純粋な動機」を育てるスタートです。

②質問にも順番がある

お客様のことを聞かせてもらう質問に順番を持たせましょう。**順番に何を聞くかを決めていれば、質問に困ることがなくなる**のです。

「会社のこと→個人のこと→現状→課題」の順番で聞くことができるようになると、あなたは堂々と質問ができるようになり、お客様も自然に答えてくれるようになるのです。

この順番であなたが質問している間に、あなたの商品・サービスで「お役立ちへの純粋な動機」が育ってくるのです。

③あくまでも決めるのはお客様だと伝える

お役立ちの情報提供は、あくまでも情報の提供であって、**採用する、しないはご自身の判断だと、お客様にしっかりとお伝えしましょう。**重要なのはお客様に１００％オープンな心で情報を聞いていただくことです。

お客様の欲求・ニーズ・課題に対して、その商品が役立つとわかれば、お客様は自然にほしくなるのです。そして、買われるのです。

「私どもの仕事はお客様に役立つ情報の提供だと思っています。採用する、しないはお客様が決められることだと思っています。そんなことよりも、この情報を知っていただき、今後の参考にしていただければ嬉しいのです」と言うことにより、「お役立ちへの純粋な動機」であることを伝え、安心してもらうのです。

これは営業のアプローチの段階です。アプローチに困っている人はこのやり取りをよく覚えてください。実践し、お役立ちの情報提供に臨んでください。そうすれば、あなたは営業マンとして、肩の力を抜き、堂々とお客様を訪ねることができるのです。

なぜなら、あなたは**「お役立ちへの純粋な動機を持って訪問し、面会でお客様に話を聞**

かせていただきながら、その純粋な動機を育てている営業マン」だからです。

人の行動原則を見極める

第2の原則は、**「人の行動原則」**についてです。その行動原則とは、人は皆、「自分の思った通りに動きたいと思い、事実そうしている」ということです。もっと強い表現にすると、**「人は自分の思った通りにしか動かない」**となります。

人間は、感情を持っています。だからこそ、日々のさまざまな出来事や見るもの、聞くものから常に何かを感じたり、何かを思ったりします。そのことが気になると考えだし、その考えがまとまると行動になるのです。ですから、「感じたり、思ったり」が行動のスタートです。

ということは、お客様がどう感じ、どう思うかが重要です。いくら営業マンがお客様に一生懸命説明し、説得しても、それをお客様がいいと思わない限り、採用という行動には進まないのです。

私が29歳で人材教育の営業をスタートしたときは説明型営業でした。商品・サービスのよさを一生懸命説明し、採用していただこうと必死でした。あるときには、お客様への熱意という名の強引さでオーバーランすることもありました。事実、お客様は私の熱意に負けて採用したのです。

しかし、決まってあとで、キャンセルや保留の電話がありました。心のどこかで売られた、買わされたという感情がお客様にあるのでしょう。したがって、お客様からの感謝が少ないのです。お客様がまだその商品・サービスに対して、「これはいい！」と本当に思っていないのです。

反対に、私がほとんど説明しなくても採用する人がいます。その人は私の説明など上の空で、早く採用したいと思っているのです。「こういうのを探していたんだ！」と心の中で思っているのです。そして、採用後は感謝の言葉をいただけるのです。

この2つの例は本当に両極端です。言い換えれば、「いくら説得しても無駄なんだ。お客様が買おうと思わない限り、本当にいい採用はないんだ。自ら買おうと思ったときこそ、本当にいい採用なんだ。そのときは、きっと、ご紹介も自発的にしてもらえるだろう」です。

このことがわかってから、私は、お客様が「どう思っているか？　どう感じているか？」をよく質問するようになりました。**「すべてはその人の感じていることや思っていることから始まる。そこから考え、決断（行動）する」**が私の営業の基本原則になったのです。

「質問」を重要視したのはこのような理由からでした。ですから、まず、電話しても訪問しても、まずお客様の話を聞くことに集中しました。こちらの説明をしても**「どう思うか？」「どう感じるか？」**を常に聞くようになりました。それからというもの、質問することが習慣となったのです。

質問の習慣によって、お客様のことがよくわかるようになり、ますます、「お役立ちへの純粋な動機」が私の心の中に育つようになったのです。

「お役立ちへの純粋な動機」を育てる

「お役立ちへの純粋な動機」はお客様とお会いする前から育てておく必要があります。そうすれば、面会のときに質問が非常に滑らかに出ます。その効果的な方法も私は持っていました。

それが**「アファーメーション」**です。アファーメーションとは、自己暗示という意味です。お客様に対しての純粋な動機を目覚めさせ、お客様に、より興味・関心を持てるように自分自身で仕向けるのです。

私はアファーメーションでよく利用した文章があります。次の文章を毎朝、朝早く散歩をして、気持ちを込めて大きな声で音読したのでした。それだけではありません。昼間食事が終わったあとも、そして、寝る前にも音読しました。そして、徹底的に自分に言い聞かせました。それは次のようなものです。

「(前文省略) わたしは、今日のこの日を、愛情溢れる気持で迎える。

しかし、他人の行動にどのように反応すればいいのか？

愛情をもって。愛が人々の心を開く武器であると同じように、愛は、憎しみの矢、怒りの槍をはねかえすわたしの楯でもあるのだ。逆境と失望がわたしの新しい楯を激しく打ち、やがて春雨のような優しさと化すであろう。楯は市場でわたしを守り、ただ一人でいる時のわたしを力づけてくれる。絶望した時はわたしを勇気づけ、歓喜している時は心を静めてくれる。使うにつれて楯は強さを増しますますわたしを守ってくれるが、そのうちにわたしは楯を投げ捨てて、あらゆる人々の間を身軽に歩く。その時こそ、わたしの名は人生のピラミッドの頂きに押し上げられるはずだ。

わたしは、今日のこの日を、愛情溢れる気持で迎える。

では、出合う人々にどのように相対するのか？

その方法は1つしかない。わたしは無言のまま胸の内で彼に話しかけ、〈あなたを愛している〉という。たとえ無言で話しかけたにせよ、その言葉が、わたしの目の中で輝き、わたしのひたいのしわを拭い去り、唇に笑みをもたらし、声の中でこだまして、彼の心を開く。心がわたしの愛情を感じていながら、わたしの商品を拒否しうる者がいるであろうか？

わたしは、今日のこの日を、愛情溢れる気持で迎える。

今日から、わたしは全人類を愛する。いまのこの瞬間から、わたしは、自分の血管からいっさいの憎悪心を追放する。愛するための時間しかなく、憎むための時間がないからだ。いまのこの瞬間から、わたしは、男の中の男になるのに必要な第一歩を踏み出す。愛をもって売上げを百倍にし、偉大なるセールスマンになるのだ。たとえ、ほかにいかなる長所がないにしても、愛だけで成功できるはずだ。愛なくば、あらゆる知識や技術を身につけていても、失敗するであろう。

わたしは、今日のこの日を愛をもって迎え、そして成功するのだ」(『偉大なるセールスマン―あなたを変える信念の魔術―』オグ・マンディーノ著　菊地光訳　１９７５年ダイヤモンド社)

これは私が31年ほど前に、古本屋で見つけた本です。まさに運命的出会いです。古本屋の古ぼけた木箱の中に雑多な本とともに、埋もれるようにひっそりとありました。本は古く、すでに赤っちゃけていました。

私がなぜこの本を手に取ったか？　それはこの本の話を以前から聞いていたからでした。

「これか！　見つけた！　この本があったのか！」と思い、そして、中を確かめ、はやる気持ちを鎮め、一目散に古本屋の店主のところに持っていきました。そのときから、この本は私の愛用書。ちょうど、営業で悩んでいた時期、この本の中の言葉が私を助けてくれました。今でも私の大事な宝物の本です。

これはアラブの大富豪ハフィドという人物が、自身を成功に導いた「神秘の巻物十巻」を召使いのイラズマスという青年に語り伝え、その青年が大成功者になるという物語です。ここに書いた文章はその巻物の中の「愛」というテーマの第二巻の一文です。まさに、人に愛を感じ、自分を「お役立ちへの純粋な動機」に目覚めさせてくれる文書なのです（私はこの本によって、潜在能力の活用法も学びました）。

アファーメーションをしてお客様に面会に行った私には、すでにお客様に対する純粋な動機が目覚め、素直に興味・関心を持てるようになっていたのでした。だからこそ、お客様に対して自然に質問できるようになり、そんな私の純粋な興味・関心に後押しされるように、お客様もその質問に答えてくれたのでした。

「なぜ?」「たとえば?」「ということは?」の3つの質問で売上が伸びる

では、質問のパターンはどのようなものがいいのでしょうか?

結論から申し上げましょう。**質問は、「なぜ?」「たとえば?」「ということは?」の3つで、基本的には十分**です。

その理由を説明する前に、私の生の体験をお話ししましょう。私は質問が重要だと気がついて、質問優先の面会を意識して営業に出かけるようになりました。ところが質問になれていない私は、どのように質問したらいいかがわかりませんでした。だから、面会では何も考えずに出かけていたわけです。

ただ、先ほどのアファーメーションで、お客様に興味・関心を持って面会に臨んだので、質問が決まって出てきました。それが、「なぜ?」「たとえば?」「ということは?」だったのです。これが、**次々と会話を展開し、そして、深くする効果があった**のです。

営業の原則の中で、「人の行動原則」のお話をしました。「人は思った通りにしか動かない」でしたね。「すべてはその人の感じていることや思っていることから始まる。そこから考え、決断（行動）する」です。これを図式で表すと、「感じ・思い↓考え↓行動↓結果」となります。

ですから、感じや思いを質問することが重要なのです。3つの質問はこの感じ・思いを聞くことに抜群に効果があったのです。

では、3つの質問の効果を具体的にお話ししていきましょう。

「なぜ?」の絶大な効果

「なぜ?」は、理由です。行動の理由や原因、動機などが見えてきます。「なぜ」の質問でまず「感じ・思い↓考え↓行動↓結果」の「考え」がわかります。さらにさかのぼって、そのことに対する「感じ・思い」が見えてきます。

「トヨタの『なぜ?』を5回繰り返せ」というのはとても有名です。「なぜ?」を繰り返すことによって、その理由、原因、動機、本質まで見えてきます。「なぜ、そういう行動をされましたか?」と言われると「○○のように考えたから」と伝えてくれるようになります。

そこで、「なぜ、そのように考えましたか？」と聞くと、「このように私は思ったから（感じたから）」などと、その物事に対する感じや思いが出てくるのです。さらに、「なぜ？」と質問すれば、その感じや思うことのとらえ方や見方、受け止め方が出てきます。

この「なぜ？」という質問によって、その人の感じや思いを知り、ぜひともお役に立ちたいという純粋な動機を高めることができるのです。

「たとえば？」の絶大な効果

「たとえば？」は、「具体的には？」ということです。「たとえば、どのような例がありますか？」「具体的にはどのようなことが起こりましたか？」、これらは、具体的な事例を聞く質問です。「感じ・思い→考え→行動→結果」では、行動の部分が多いでしょう。

「そうですね。昨日のことですが……」「ちょうど、1年前のことですが……」と過去のことを思い出し、具体的に起こったことを表現してもらえるようになります。

この現実を具体的に聞かせてもらうことにより、その行動を知り考えがわかり、その人の気持ちがわかるようになるのです。

それで、その人の感じ・思いがわかってくるのです。

「ということは？」の絶大な効果

お客様が「なぜ？」で理由を話し、「たとえば？」で具体的事例を話すと、自分自身がその感じや思いを強めます。それらを十分聞いたうえで、「ということは？」と聞くと、「これからどのようにしたいか？」という考えや行動が明確になります。

過去の話の場合は、「それでどうなりましたか？」と聞くと、同じように、そのときの考えや行動が明確になるのです。

このような「ということは？」は、「なぜ？」「たとえば？」で考えや行動の理由や動機である思いを聞き、具体的事例を用いたうえでの質問なので、しっかりとした結論となります。お客様がこの質問で答えたものは、お客様の感じ・思いなので、営業マンは、ぜひとも応援したいという純粋な動機が強くなるのです。

私はこれらの「なぜ？」「たとえば？」「ということは？」の質問を自然に繰り返していました。なぜ繰り返せたかというと、その人に対する興味・関心でした。それは、次のように展開しました。

「**なぜ**、そのようにされたのですか？」（考え）

「自分しか、やる人間はいないからね」

「なるほど。**たとえば**（具体的には）、どのような営業をされたのですか？」（行動）

「まず、現在の取引先に出向きましたよね」

「なるほど。**なぜ**、取引先だったのですか？」（考え・思い）

「今、取引先には継続して仕事させてもらっているからね。一番早いと思ってね」

「なるほど。それは、**たとえば**、どのような仕事だったのですか？」（行動）

「まずは、当社の得意な製造の仕事だよね」

「なるほど。それで、**どうなったのですか？**」（行動）

「いや、おかげさんでね。その中で助けてくれるところがあってね」

「そうですか。それは、本当によかったですね。**ということは**、そこからどういうことがわかったのですか？」（思い・考え・行動）

「やっぱり、手を抜いてはいけないということ。取引先は本当にありがたいということだね。それとね、当社も営業力をつけとかないとね」

つまり、**「なぜ?」で考え、「たとえば?」で行動を聞き、「ということは?」で感じ・思いを聞くことは、どんどん、その人の内面に深く入る**ことなのです。それは、まさしく、その人の思いを知り、考えを知ることです。そのことが、その人の仕事や人生に対する姿勢（価値観・生き方・理想）を知ることになるのです。

つまり、**質問は、広げることではなく、深めること**です。余計な質問は使わず、「なぜ?」「たとえば?」「ということは?」で十分なのです。

さらに役立つ質問「掘り下げ法」と「オウム返し法」

ここでは、3つの質問「なぜ?」「たとえば?」「ということは?」のほかに、あなたに役立つあと2つの質問をお話ししましょう。それは、「掘り下げ法」と「オウム返し法」です。

「掘り下げ法」でお客様の語尾の言葉で質問を深めていく

営業マンが質問して、お客様が答えるとします。そのときに、お客様の最後の言葉をとらえて、さらに具体的に質問する方法です。実は、前項の営業マンとお客様の話のやり取りですでに使われています。

「どのようなことをされたか?」→営業→どのような営業?→取引先→どのような仕事?」

このようなお客様の語尾の言葉を利用して、より具体的に質問を深めていく方法です。

質問が「なぜ?」「たとえば?」「ということは?」と一緒に使ってもらえば、話が絞り込まれて、具体的なことを聞くことができます。

「オウム返し法」でお客様の言葉をそのまま返すことで考えがわかる

お客様が質問をしてきたときに、それをオウム返しで質問する方法です。

「どのような仕事ですか?」→「どのような仕事だと思われますか?」

「この商品はいいのですか?」→「どのように思われますか?」

「これはおいくらですか?」→「いくらぐらいだと思われますか?」(ご予算はおいくら

ですか?)

このように、お客様の言葉をそのまま返すことにより、お客様がどのように思っているかがわかります。お客様が質問をするということは、その質問の内容に対して何か思っていたり、情報を持っていたりするかもしれません。まずそれを聞いてみることで、お客様の考えていることがよくわかります。

質問されると、すぐに説明したくなるので、その防止にもつながります。お客様との会話で、焦らずに間を取って会話をするためにもいい方法です。

質問とは、お客様の感じ・思いや考えを引き出すものです。イメージとしては、地上の芋のつるを引っ張って、地中の芋を掘り起こすようなもの。質問は刺激です。お客様の感じ・思いや考えをどんどん引き出すようにすることです。

ですから、「なぜ?」「たとえば?」「ということは?」や「掘り下げ法」や「オウム返し法」などのように短い質問の言葉で十分です。**質問はお客様の感じ・思いや考えを止めずに話してもらう潤滑油なのです。**

原則がわかると、方法・やり方が見えてくる

「営業とはお役立ち」「人は自分の思った通りにしか動かない」という原則のお話を今までしました。再度この言葉の意味を確認してください。今までの営業と全く違う姿が浮き彫りになってきます。まさしく「売る」から「買ってもらう」への転換なのです。

それは、どこまでもお役立ちで話し合い、自ら「ほしい」と思ってもらうことです。つまり、お客様の「欲求」を高めるということです。

そのためには次のようにすればいいのです。

①お会いする前、お客様に対して、営業マンは「お役立ちへの純粋な動機」を育てる。
②営業マンはお客様と会って話を始めたときに、お客様のことを質問して、お客様のことを聞かせてもらい、お客様に対しての「お役立ちへの純粋な動機」をさらに育てる。
③営業マンはお客様の現状の欲求・ニーズ・課題を質問して、お客様のことを聞かせていただき、自社の商品・サービスで「必ずお役に立てる」という純粋な動機を持って提案

する。

これらを実現するには、お客様と営業マンの間で、本音で話し合えるようになることです。そのために、**練り上げられた質問の方法とやり方があるのです。これが質問型営業の「型」です。**それは誰にでもできる方法・やり方なのです。

お客様との会話で、お役立ちへの動機を育てる「好意―質問―共感」

ここでは、「営業マンはお客様と会って話を始めたときに、お客様に対してお役立ちへの純粋な動機をさらに育てる」コミュニケーションの方法についてお話しします。

面会で話を始めたときにお客様に対して、「純粋な動機をさらに育てる」ことは非常に大事ですが、多くの営業マンは知らないのです。

多くの営業マンは、そのような教育を受けていないどころか、その反対の教育を受けています。

「とにかく営業マンは、お客様を見つけたら、すぐさま、自分や自分の商品で引きつけろ」

「いい商品なんだから自信を持っていけ。自信を持ってアプローチしたら、お客様は必ずこちらを向いてくれる」

「まず、このような商品があることを知ってもらえ」

このようなことを言われ続け、すぐさま、話をしないといけない、引きつけないといけないと思っているのです。

ところが、これではいくら営業に行っても、聞いてもらえる人は少ないのです。なぜなら、売り込みの話を喜んで聞いてくれる人などいないからです。そうしてしまうのはお客様とのコミュニケーション方法がわからないからでしょう。ですから、お客様に会ったら説明するしかないのです。

お役に立ちたいという純粋な動機が強くなり、その気持で伝えたときに初めて、お客様に営業マンの話を聞いていただけるのです。お客様は「これは自分のためになりそうだな」「役立ちそうだな」と感じてもらえるからです。

では、そのような展開にするにはどうすればいいでしょうか？　それが、**「好意―質問**

―共感」のリズムなのです。

このコミュニケーションのリズムによって、あなたはお客様の話をどんどん聞けるようになり、お客様に対してお役に立ちたいという純粋な動機を強めることができるのです。

そして、あなたが提供している商品に対しても、純粋な動機から紹介したいという気持ちになって、提案もできるのです。そのときには、お客様は決して売り込まれているような気持ちにはなりません。あくまでも営業マンがお役立ちの気持ちで紹介をしてくれていると感じるのです。ですから、素直に聞き、検討に入ってくれるのです。

この「好意―質問―共感」は、それぞれどのようなものでしょうか。

「好意」を持つ

まずは、お客様に好意を持つことです。好意とは興味・関心です。そのためには、あなたはお客様を好きになりましょう。

これは、会う前のアファーメーション（自己暗示）を熱心にしていただければ、会った瞬間にそのような感情を持つことができます。50ページで紹介したアファーメーションを実行してください。

そして、お客様に会ったとき、その感情を表現することです。いくらあなたがそう思っていても、表に出さないとお客様にはわかりません。そのためには、次の2つに気をつけましょう。

●微笑みで心の壁を取り去る

お客様に会ったときには、微笑みをプレゼントしてください。あなたが「ニコッ!」とすれば、お客様にもなんとなく「ニコッ!」としていただけます。お客様は表現していなくても心の中でそうしています。あなたの微笑みはお客様の心の壁を取り去ります。そして、あなたが営業をしにきたのではなく、お役立ちをしにきたことを何となく、感覚でわかっていただけるのです。だから、「ニコッ!」です。

●あたたかく、やさしい声をかける

お客様には、あたたかく、やさしく声をかけてあげてください。あなたは小さなお子さんにはやさしく、あたたかく声をかけるでしょう。おじいさん、おばあさんにはやさしく、あたたかく声をかけるでしょう。それと同じようにお客様にも声をかけましょう。

誰でも、あたたかく、やさしくされれば嬉しいものです。そうすれば、お客様はあなたに反応してくれるでしょう。営業に元気はむしろいらないのです。あたたかく、やさしくです。

「質問」で話題を深める

あなたの来た目的を簡単に告げたあと、「ところで」と言って、好意を持ったあなたは、お客様に質問しましょう。お客様の会社、家に飾っているもの、目に留まったものについて、興味・関心を持って質問しましょう。それは、お客様が大事にされているものです。

次に、お客様の会社やお客様自身の歴史、仕事のことなどについて質問しましょう。このときの質問は、42ページの「営業は質問の順番で決まる」の「営業はお役立ち」でお話ししたように、「会社のこと→個人のこと→現状→課題」の順番です。

そして、「なぜ?」「たとえば?」「ということは?」で1つの話題を深めていくのです。

そのように質問していくと、お客様自身に対して、ますます好きになるのです。

「共感」して褒める

あなたが、質問したことに対して、答えていただいたなら、しっかりと共感しましょう。共感とは、お客様の言ったことを認め、受け入れることです。お客様は質問されたことに返答し、営業マンに共感されることによって、とても嬉しくなります。

なぜならば、それは自分の考えを認めてくれたからです。一切の反論や否定はしないでください。すべてを認めるのです。よく、共感しすぎると、自分のことが提案できないのではと思われる方がいらっしゃいますが、それは違います。共感とはあくまでも、「そのように言われることはわかる」「そのように感じることはわかる」です。内容についてすべて認めることではありません。むしろ、全面的に共感するからこそ、提案ができるのです。共感は次のように行います。

●目を見てしっかりとうなずく、あいづちを打つ

お客様の答えに共感していることを、体を前に倒して、大きくうなずき、あいづちを打って表現してください。「なるほど」「そうですね」と声を出してください。表現を大きく

するのです。

日本人は表現ベタだとよく言われます。遠慮せずに、少々オーバーでいいですからしっかりと表現をすることです。お客様は自分が認め、受け入れてもらっていることを、あなたの表現で確認するのです。

自分の言ったことに自信が出て、ますます話をしてくれるようになります。と同時に、あなたのことを好きになるのです。

●お客様の考えを褒めましょう

お客様の言われたことに共感できたら、しっかり褒めましょう。お客様はますます自信を持って、話をしてくれるようになります。お客様自身や会社のこと、さらに重要なのは、お客様の考え方か生き方を褒めることです。そうすれば、お客様は自分の人生そのものを認められたように思い、ますます気持ちが高まるのです。

●自分自身のことも話す

お客様の話に関連して、あなたのことを話すのです。お客様はあなたのこともわかり、より身近に、親近感を持って、さらに話してもらえるようになるでしょう。

あなたは、「好意―質問―共感」のリズムでどんどん質問し、コミュニケーションを盛り上げましょう。**あなたが好意を持って質問し、特にしっかりと共感してあげれば、お客様は間違いなく、あなたのことを好きになります。**あなたの質問に対して、どんどん答えてくれるのです。そして、**営業マンのあなたも、答えてくれるお客様のことを好きになり、遠慮なく、さらに深い質問をすることができる**のです。

そうしている間に、あなたとお客様の関係が非常に親密になり、いろいろなことを互いに共感できるようになります。互いにわかりあえる親友にでも会ったような、嬉しい気分になるのです。互いが一体化したような気分にまで高まります。

特に、営業マンのあなたは、「何としても、お客様のお役に立ちたい!」という純粋な動機をますます育て、強めるのです。

このように、「好意―質問―共感」は、営業マンのあなたに「お役に立ちたい」という純粋な動機をつくり上げる魔法のリズムといえるでしょう。

質問は「現状―欲求・課題―解決策―直面―提案」の順で決める

「会社のこと↓個人のこと↓現状↓課題」と段階的に聞いていくと、いよいよ「私どもの商品・サービス分野」に入ります。ここで必要なのが、お客様の「現状―欲求・課題―解決策―直面―提案」に対する質問です。

これは、**お客様が私どもの商品・サービス分野で現状の欲求や課題をあぶりだし、何としても、それらを実現したいという気持ちにお客様をさせる**ものです。

また、お客様の気持ちを営業マンが受け取り、協力したい、お手伝いしたいという「お役立ちへの純粋な動機」をつくるものです。

営業マンはお客様の現状から順番に具体的に聞かせてもらい、これなら必ずお役に立つことができるとわかった場合に、自社の商品・サービスを確信を持って提案できるのです。

では、その質問を具体的に見ていきましょう。

「現状」を確かめる

お客様の現在の状況、気持ちを詳しく質問することです。あまり立ち入った質問をすると嫌がられるのではと思われる方もいらっしゃるでしょう。問答無用です。立ち入った質問はあなたがお客様のことを真剣に考えようとしている証拠なのです。ですから、聞きたいと思ったことは素直に聞けばいいでしょう。気になるようでしたら、少し、遠慮気味に質問すればいいのです。もしお客様が答えるのが嫌であれば、お客様がそう言われます。気にすることなくどんどん質問をするのです。

この段階に入るために、「好意―質問―共感」でお客様との関係をコミュニケーションで築いてきたのです。遠慮する必要はありません。そして、答えてもらえれば、「なぜ?」「たとえば?」「ということは?」で深めていくのです。

現状の質問に答えていくうちに、お客様は自分自身の欲求や課題を思い出すのです。たとえば、次のようにです。

「お子様はおいくつですか?」

「21歳と19歳です」

「そうですか。お二人とも大学生ですか?」

「そうなんです。お金がかかってね」

というふうな具合です。

ここでは、できるだけ具体的に話してもらえるように質問をしていくことです。そうすれば、**お客様はその現状を話すと同時に、欲求、課題を強く感じるようになる**のです。

「欲求・課題」を顕在化する

現状の中で思い出した欲求・課題について、改めて聞く段階です。この段階に入るときには、「そのような中で」という一言で済ませることで十分です。

よく、お客様のお話ししたことをまとめる人がいますが、必要ありません。なぜならば、お客様の話の流れに水を差すからです。まとめるとすれば、なるべく短い言葉で簡潔に、です。お客様に再度まとめていただくことでもいいでしょう。そして、この欲求・課題を聞くことです。

現状、話を聞いた中で、すでに欲求を言われている場合もあるでしょう。その場合でもこの段階で再度お話ししてもらうのです。「お客様はそういう中で、どのようにしたいと思っておられるのですか？　同じことで結構ですので、もう一度、聞かせてもらえますか？」と言えばいいのです。

お客様にとっては、何度も同じことを言うことで、ますますその欲求・課題を意識するのです。これについても、「たとえば？」「なぜ？」「ということは？」で深めていくのです。

この欲求、課題に対して質問し答えてくれることにより、**潜在化していたものがしっかり顕在化されていく**のです。

「解決策」を聞いて現実に向き合ってもらう

現状、欲求・課題を聞いてきたあなたは、再び、「そのような中で」と切り出し、そのことに対する解決策を質問してください。「お客様、そのような中で、何か解決への行動はされているのでしょうか？」と聞けばいいでしょう。

「○○をしている」と答えた人には、「その成果はどんな感じですか？」と聞きましょう。「うまくいっている」「まずまず」「もうひとつ」「だめだね」とさまざまな答えが返ってくるでしょう。多くの場合は、その行動の成果に満足はしていないはずです。気にすることなしに、その返答にしっかりと共感し、「なぜ？」「たとえば？」「ということは？」で深めてください。

「何もしていない」と答えた人には、「なぜ、していないのですか？」と質問すればいいでしょう。その理由を言われたとき、同じようにしっかり共感をすればいいのです。

お客様はこの解決策についての質問によって、さらに現実を見つめます。この現実を見つめれば見つめるほど、行動しなければいけないという欲求が強まるのです。

「直面」で気持ちを確かめる

営業マンのあなたは、お客様に「現状─欲求─解決策」を段階的に質問してきました。お客様は現状の課題に集中し、改めて、解決への気持ちを強めているでしょう。そこで、あなたは、お客様自身になったつもりで、言ってあげればいいのです。それは、あなたが営業マンではなく、自分自身に問い正す感覚です。

「それでいいですか？」

おそらく、そこまで話してきたお客様なら、素直に「いや、それじゃだめだ」「よくないね」と言われるでしょう。そこで、すかさず、あなたは次のように質問をするのです。

「では、もしそれができる方法があれば、どう思われますか？」

このときに、お客様はあなたの話に強く興味を持たれます。あなたは、お客様に次のように言い、その**解決に乗り出すかどうかの気持ちを確かめる**のです。

「それが、確実に解決する方法であれば、どう思われますか？」

きっと、お客様は言われるでしょう。

「いいですね」

「提案」は一言でまとめる

ここまでくれば、あとは提案だけです。

「それが、あるのです！」

この**一言でまとめることが重要**です。望んでいることに対して、しっかり解決できることを伝えるのです。その方法、内容などはあとでかまいません。解決できることを伝えるのです。それこそが、お役立ちです。そうすれば、お客様はそれについて「聞きたい！」「教えてほしい！」という気持ちになるのです。

お客様の気持ちを確認したあとで、あなたは、ゆっくりと、その商品・サービスの概略をまず口頭でお話しします。

そして、「具体的に話を聞いてみませんか?」と、質問すればいいのです。

「現状―欲求・課題―解決策―直面―提案」の順に質問すれば、お客様自身が現状の課題を見つめ、真剣に考えてもらうことができます。これは、お客様のために時間を取り一緒に考えるという営業マンの「お役立ちへの純粋な動機」に基づく行為なのです。

ここでは「お客様の思考速度に合わせる」ことも重要です。お客様の考える速度に合わせながら、あなたの提案したい商品・サービスまで話を進めていくのです。

たとえば、あなたが企業教育の仕事をしていたとします。その場合、あなたは仕事ですから、四六時中、企業教育のことを考えているでしょう。しかし、お客様はそうではありません。お客様にとって、教育は仕事の一部です。そのほかにも今後の方針や専門のことなどいろいろ考えないといけないことがあるので、急にその話にもっていかれても、お客様はすぐに教育に焦点が合わないのです。

まず、仕事での課題を聞いたら、教育について「現状―欲求・課題―解決策―直面」の順に聞きます。そして、「提案」という段階に入るのです。まさに、これはお客様の思考速度に合わせて、提案をする方法なのです。

これは、営業マンの「お役立ちへの純粋な動機」を育てると同時に、お客様の欲求を高めるために非常に重要なことなのです。

お客様はこのように接してくれた営業マンに悪い印象など持つはずがないのです。仮に商談が進まなかったとしても、お客様は営業マンに対して、好印象を持ち、忘れえぬ人となるでしょう。そういう場合は、しばらく経ってから電話してみるのもいいでしょう。

「先日は失礼しました。その後、おかわりありませんか？　先日のお話について、どのように感じられましたか？」と質問し、状況や心境について聞いてみましょう。

あるいは、お客様のほうから、「先日はありがとう。もう一度、先日の話を聞かせてもらえませんか？」と、問い合わせの電話が入ることもあるのです。

第3章

売上が伸びる秘密は、「聞く」の実践にある

営業マンはロールプレイングで短期間に飛躍的に成長する

これまでの章で、質問の重要性を説いてきました。質問がいかにお客様の本音を引き出し、自発的な採用を引き出すかはわかっていただけたと思います。そして、このお客様の自らの意思による採用は営業自体を変えてしまいます。

お客様の自発的な採用は、紹介してくれた営業マンはもちろんのこと、採用後の商品・サービスの活用における感謝を引き出し、その感謝がさらなるお客様のご紹介などへ発展していきます。

最終的に、営業マンはお客様のこのような姿勢から自分の商品・サービスに対する信念を強め、想定外なほどに営業効率を高めます。

このような営業を展開するには、いかに質問型営業でお客様の欲求・ニーズ・課題を聞き出し、そのために役立つ商品・サービスを提案できるかが必要です。それも純粋な動機を持った質問であり、共感であり、提案です。それらをどのようにお客様の面会の場面で行えるかです。

俳優が舞台や映画、ドラマでの役が決まっても、すぐに本番はないでしょう。まず、台本の読み合わせや演技の練習を行います。それを何回も行い、そして本番を迎えるのです。もし、練習もなしに演じたら、その演技は見られたものではありません。どんな素晴らしい名演技をする有名俳優でも練習なしで本番を迎えるというのは不可能です。むしろ、有名俳優であればあるほど、陰で練習をしています。

私たち営業マンも全く同じです。アポイントが取れたからといって、ぶっつけ本番で営業を行えば、思っていることの半分も表現できず、数多くの失敗をするでしょう。思っていることを実際に表現するためには、練習が必要です。事前に練習をすればするほど、表現できるようになります。

お客様を想定して、仮想の状態をつくって練習をすれば、よりリアルにその状態をイメージでき、本番で力を発揮できます。この力を養うのが**「ロールプレイング」**です。

ロールプレイングとは、現実に似せた場面で、営業マンとお客様の役割を模擬的に演じて、営業力を養うことです。営業力が養えば、本番でお客様とのコミュニケーションを展開して、欲求・ニーズ・課題を引き出し、自分の商品・サービスを最高の形で提案できるのです。

よく営業力は、現場での面会をたくさん経験し、失敗すればするほどアップすると言われます。この考え方には条件があります。これはお客様との面会方法がわかっている場合です。それがわからず、お客様との面会に向かうというのは、暗闇につっこむようなものです。お客様との面会を数多く行っても、それではうまくいきません。むしろ、お客様をなくしてしまうのです。

ロールプレイングで練習を行うと、そのようなことがなくなります。営業マンがお客様との会話を練習していれば、自信を持って臨むことができます。営業マンの声は落ち着きがでて、お客様は安心して話をしてもらえます。

また、お客様の返答に対しても、しっかりと返事し、表現することができるのです。

もちろん、現場ではお客様は百人百様でしょう。このロールプレイングをしてお客様に臨めば、さまざまなお客様にも対応できます。**ロールプレイングで自信がつけられれば、お客様への無限の対応力が備わる**のです。

営業マンは実際の現場で、非常に効果的な面会ができるようになります。面会の成功確率は、はるかに上がり、うまくいかなかった場合には、すぐさま改善できるのです。なぜならば、ロールプレイングで練習し、自信を持って臨んだので、営業マンは100%の力を発揮できるからです。「ああすればよかった」「こうすればよかった」という後悔はありません。あくまでもベストを尽くしたので、むしろすぐさまその面会を振り返り、改善へと入ることができるのです。

このようなロールプレイングを行えば行うほど、営業マンは力をつけることができるのです。新人であろうが、経験者であろうが関係ありません。むしろ、**ロールプレイングによって、経験年数などをカバーし、誰もが営業力を飛躍的に伸ばすことができる**のです。

ロールプレイングは質問中心

では、ロールプレイングはどのように行えばいいのでしょうか？

説明中心の営業マンのロールプレイングは、どのようにうまく説明するかが評価の中心になります。だからこそ、お客様役になった人は、その営業マンの説明がうまいか、うまくないかの評価をします。

でも、よく考えてください。実際の営業の場面で、お客様は営業マンの話がうまいかどうかの評価をしているわけではありません。**お客様にとって大事なことは、自分が知りたい情報（解決策）を的確に教えてくれるかどうか**です。

ところが、ロールプレイングでは、営業マンの説明がうまいか、うまくないかで聞いています。お客様役としてだけでなく、上司として、あるいは、評価者として、その営業マンの話を聞いているのです。

ロールプレイングを嫌がる人がいます。それもそのはずです。営業マンとして自分の説明がうまいか、うまくないかを評価されるのであれば、たまったものではないからです。そのような評価をもらうようなロールプレイングは誰もしたくありません。聞いている人間にとっても苦痛です。

なによりも、説明型のロールプレイングには最大の問題があります。お客様が黙って説明を聞いてくれることがないことです。お客様が営業マンの話に興味を持ってくれた場合にのみ、静かに聞いてくれるのです。

ということは、現場で起こり得ないことをロールプレイングとして練習していることになります。私も何度となくこのような体験をしました。自分が練習をして行っても、お客様がおとなしく話を聞いてくれないのです。

そこで私の場合は、多少強引でも自分がロールプレイングで練習してきた話をしようとしました。しかし、やはりお客様は黙っていません。多くの場合、途中で水を差され、話が途中で終わってしまうのです。

このようなことを繰り返すと、説明のリズムも崩れていきます。そこで、また説明の練習をして、態勢を整え直すのです。こんなことを10年近く繰り返してきました。

部下にもそのように練習をさせました。しかし、結局は意味がなかったのです。私自身の営業力をつけるには至りませんでした。部下は成績が上がらず、営業に疲れ、辞めていきました。

そのような経験を通して、質問型営業にたどり着いたのです。そして、質問型でのロールプレイングを始めるようになりました。今までのロールプレイングと全く違う形になり、お客様も営業マンもそれぞれの役になりきり、本番さながらのロールプレイングができるようになったのです。

質問中心ですから、営業マン役が質問するとお客様役は答えないといけなくなります。もちろん、お客様の立場になって答えます。営業マンはそれに関してまた、質問や共感をするという具合です。

これによって、営業マンは現実の面会に近い形で会話をして、話のリズム・間なども、つかむことができます。

また、お客様役も演じることで、お客様の気持ちや欲求の高まりなどを体験することができ、お客様のことをより理解できるようになるのです。

場面別に営業を練習することの意味

営業では、お客様と知り合うところから、契約後までにいろいろな段階があります。アポイント、アプローチ、プレゼンテーション、クロージング、フォローアップです。すべてが重要です。各段階には営業におけるそれぞれの目的があります。目的を果たすことで、次の段階にスムーズに入ることができるのです。

各段階の目的を果たすために、お客様への具体的な質問があるのです。質問の多くはお客様の気持ちと考えを聞くためのもの。営業マンの役目は、お客様の気持ちに寄り添い、お客様自らが次の段階に自発的に入ってもらえるようにすることです。そのために、質問をするのです。

ただ、ここで気をつけていただくことがあります。それは、各段階での営業マンの質問の仕方です。それをどのように言うかによって、お客様への伝わり方、答えの引き出し方が全く変わってくるからです。

したがって、営業マンの言葉の緩急強弱、間の取り方などが非常に重要です。また、お客様に答えていただいたときの共感の仕方も重要です。このようなことも含めて、**ロールプレイングで場面別に質問トークを練習することこそ、営業の実力をつける最も効果的な方法**なのです。

現場でやってみたいという気持ちが営業を成功させる

ロールプレイングについて、いろいろな角度からお話をしてまいりました。これから営業の各段階における質問トークを示します。同じ職場の上司・仲間などと、ロールプレイングで営業の各段階の練習をぜひ行ってください。

ロールプレイングの効果はロールプレイングを練習すればするほど、現場で使ってみたいという気持ちになることです。「お客様は、一体どんな反応をするだろうか?」「この練習のように、実際の面会が進むだろうか?」など、ワクワクして想像し始めます。

営業へのモチベーションはロールプレイングを練習すればするほど高まります。繰り返し練習して、口が自然に動くようになったら、使ってみたくてしょうがなくなるのです。

私は営業教育などでこの方法をよく使いました。1週間ほど会議室でロールプレイングの特訓をするのです。もちろん、そのほかにも専門の知識についてや営業の原則などの研修はします。ただ、その中で最も時間を割くのがロールプレイングです。十分できていると思っても、さらに何回も練習します。

そして、嫌というほど練習して、まさに口からついて出るようになった状態で一気に営業現場に飛びだすのです。

そうすると、びっくりするようなことが起こります。**新人でもお客様から、即契約をもらってきます。**確かに、新人は知識も経験も浅いです。しかし、契約が取れるのです。なぜこのようなことが起こるのでしょうか？

その理由は、**お客様を想定してのロールプレイングを練習すれば練習するほど、自信がつき、ワクワクするモチベーションとお役立ちの信念が養成される**からです。

「アポイント」でお客様の欲求を聞く

アポイントとは、電話や飛び込み訪問でお客様に面会の時間を申し入れる最初の段階です。この段階は、お客様にとっても、営業マンにとってもお互いに初対面です。特にお客様は警戒心を持っています。お客様の警戒心を打ち破ろうとして、営業マンは自社の商品のメリットを一方的に説明しようとします。お客様の欲求を高めて面会の約束を取り付けようとするのです。

これではかえって警戒心を強めてしまいます。そうではなく、自分の訪問目的をすばやく伝えて、ざっくばらんにコミュニケーションを交わすのです。そのためには、すぐさま質問に入り、お客様のことを聞かせてもらいましょう。そのうえで、お客様の欲求を聞き、その欲求を叶えられることを伝えるのです。そうすれば、面会の約束を取り付けることができます。**アポイントでは、どこまでもお客様の欲求を聞くことがポイントとなるのです。**

演習❶「現状はどうですか?」

営業マン「私●●会社の○○ですが、▲▲担当の方はいらっしゃるでしょうか?」
受付「はい。何かご用でしょうか?」
営業マン「はい。——（商品の分野）について少しお伺いしたいと思いまして」
受付「少々、お待ちください」
……

お客様　「代わりました。▲▲課の△△ですが」
営業マン　「私は●●会社の○○ですが、実は、私どもは―の分野（商品分野）のご案内をさせていただいています。ところで、――の分野についても、ご利用されていますか？」
お客様　「ええ、使っていますよ」
営業マン　「そうですか。――の分野の現状はどうですか？」
お客様　「まずまずというところじゃないですか」

「現状はどうですか？」と現状を聞くことによって、お客様に焦点を絞って話してもらうようにします。このときに「実は、私どもの商品は……」とつい説明をして、何とか興味を持ってもらおうとしがちです。**お客様に興味を持ってもらうのではなく、お客様に興味を持つことが重要なのです。**

演習❷「ところで、私どもの▲▲については、どう感じられますか?」

〈知っている場合〉

営業マン　「そうですか。私どもの会社はご存じですか?」
お客様　「ええ、知っていますよ」
営業マン　「ありがとうございます。どんなイメージを持たれていますか?」
お客様　「評判がいいですよね」
営業マン　「ありがとうございます。それは嬉しいですね。実は、私どもでも、この—分野には力を入れていまして。いろいろな会社で喜ばれているんです」
お客様　「そうですか」
営業マン　「ところで、私どもの▲▲については、どう感じられますか?」

〈知らない場合〉

営業マン　「そうですか。私どもの会社はご存じですか?」
お客様　「知らないですね」
営業マン　「失礼しました。実は、私どもでは、この—分野には力を入れていまして。いろいろな会社で喜ばれているんです」
お客様　「そうですか」
営業マン　「ところで、私どもの▲▲については、どう感じられますか？」

現状を聞いたら、当社についてのイメージ、商品の感想などを質問するのです。お客様が当社についてどれくらい知っているかなどを聞いたうえで、必要な情報を提供します。

ここでも、多くの問題は一生懸命説明をしだす営業マンが多いことです。**説明で引きつけるのではなく、質問で引きつける**のです。

人が動くのは「欲求や課題の解決」に役立つと思うからです。したがって、お客様が時間を取るのは、営業マンの話の中でそれらに役立ちそうだと思うときです。ですから、「欲求や課題の解決」に役立つことを示すことです。ところが多くの営業マンは、アポイントの段階で自社の商品のメリットなどを説明して、お客様の注意、興味を引こうとするのです。商品が先では売り込みと思われます。これは大きな間違いです。

お客様の注意、興味を引くのはお客様自身にまず、それらに役立つ話だとわかってもらうことです。「▲▲についてはどのようにお思いですか？」「▲▲については、どのように感じられますか?」など、すぐさまお客様のことを聞いて、営業マンはお客様の欲求や課題についてどんどん質問していくのです。その中で、どれぐらいそのことに対して興味を持っているかもわかります。

アポイントとは、無理に面会の約束を取りつけることではありません。ましてや、うまく取りつくろって、お客様の時間を取っても全く意味がないのです。

アポイントとはあくまでも興味のある人を見つけ、その人の欲求を高め、面会の約束をする作業です。すべての人にアポイントを取ることが営業ではありません。**営業とは、その欲求を持った人を見つけ、情報を仕入れてもらえる時間を取ってもらうこと**です。

質問型中心の営業を始めると、これがわかるようになります。適切な人を見つけ、適切な時間を取ってもらうこと。これがアポイントの秘訣です。そのためには質問でお客様に状況を聞き、欲求を見極め、アポイントを取ることが重要なのです。

導入事例

お客様の現状を聞くだけで、売上を2・5倍に伸ばす！

大阪ガス株式会社　姫路事業所　リーダー　田中研吉氏

営業で難易度が高いものとしてあげられるのが「アポイント」だと思います。「どこに自社の商品・サービスに興味を持っているお客様がいるのか？」「そのお客様をどのように見つけるのか？」は私の営業活動において、いつも大きな課題です。

私は、いわゆる説明型中心の営業マンでした。お客様に対し、ガス機器や住宅設備機器の営業をし、家庭用燃料電池システム『エネファーム』や太陽光発電システムの提案をしています。安い商品ではありませんので、だからこそ、価格に見合うメリットや利便性を説明する必要を感じ、実際、そうしていました。しかし、肝心のお客様になかなか話を聞いてもらえません。

ところが、その私が**質問型営業を取り入れることで、今までの売上と比較し、短期間で**

2・5倍の成果が出たのです。

まず、営業活動で大きく変わったことの1つとして、お客様の現状を簡単に聞くことができるようになりました。今までは、まず、こちらのことを話し、商品のメリットを高めようと……。確かに、一方的だったと思います。

ところが**「現状はどうですか?」**と会話の冒頭に質問するだけで、お客様の多くが気持ちよく話をしてくれるようになったのです。そして、スムーズに会話ができるようになりました。見込み客であるかどうかを調べるために、「質問」を効果的に使ったのです。

私は質問中心のコミュニケーションを取り入れたことで大きな発見をしました。それは、**「お客様は、お客様自身の欲求に気づいたときに、初めて商品の購入について検討をしていただける」**ということです。

私たちがご提案するお客様の多くは、電気やガスにおいて、何の不自由もなく生活されています。ですから、まず、現在の状況や気持ちを質問します。その後、当社の提供する商品に対する欲求がわずかでもあるかどうかを確認。あるならば質問を重ねることで、その欲求を引き出します。さらに**「もし、使うとしたら?」「もし、取り入れるとしたら?」**などの質問で購入意思を確かめるのです。

結果、**アポイントを取るという段階において、商品を説明するより、現状を聞くことがはるかに効果的**なのだとわかりました。

軽く意見を聞くつもりで、**「どう感じますか？」**などと聞くと、お客様のだいたいの気持ちがわかります。それによって、「お客様を見極める」ことが容易にできるようになりました。営業は強引に迫ってはよくないということですね。お客様にお得な情報をお届けする前に、質問で状況を聞かせていただくのが大事。営業に関する考え方が変わり、楽な気持ちで営業ができるようになりました。

見込み客とは、自社の商品・サービスに興味を持っている方と言えます。そして、その商品・サービスを欲している見込み客はどのような人かを見極めることが営業にとって重要です。見込み客がすべてお客様になるということは当然ありません。そこで、**質問をして、見込み客の欲求の度合いを確かめる**のです。

お客様の欲求の度合いを確認し低ければ、商品・サービスの効果や成果の話に立ち戻ります。欲求は今後高まることは十分にあります。継続的にフォローすることを心がけて、見込み度が高まったとき、再び、質問により購入意思を確かめる、その流れがいい結果を生むようになるのです。

「アプローチ」でお客様の聞く姿勢をつくる

アプローチとは、お客様にアポイントを取り、面会の時間をある程度確保した状態で、営業マンがお客様と話し合える状態です。しかし、お客様は営業マンの話を完全に聞く態勢にはなっていません。あくまでも、許可をいただき、意見も聞きながら話し合える状態です。このことをアプローチでは理解しておくことが重要です。

したがって、アプローチでは再度お客様のことを聞き、自社の商品に対する欲求を引き出します。お客様が営業マンの商品に対して、しっかりと聞いてみようという姿勢をつくり上げることです。言葉を換えて言うなら、**お客様を「前のめり」の状態にすることです。**

また、お客様自身のことを知り、営業マンのことも知ってもらい、互いのことをわかりあうことです。風通しのいい人間関係をつくり、お互いが本音で話し合える環境を整えるのです。そのうえで、商品についての説明であるプレゼンテーションに入りましょう。

演習❸「なぜ、会っていただいたのですか？」

営業マン　「今日はお時間を取っていただきありがとうございます」
お客様　「いいえ、わざわざありがとうございます」
営業マン　「お時間のほうは大丈夫ですか。次のお約束は何時でしょうか？」
お客様　「次は、1時間後ですから、大丈夫ですよ」
営業マン　「ありがとうございます。ところで、今日はなぜ、会っていただいたのですか？」
お客様　「あなたが熱心そうな営業マンだからですよ」
営業マン　「ありがとうございます。そう言っていただいて嬉しいです。ただ、それだけでは、会っていただけないのではないかと思うのです。何か、私がお話ししたことで、印象に残ることや、引っかかる言葉があったのでしょうか？」
お客様　「実は、あなたが言ってくださった▲▲に役立つという話が、気になりましてね」
営業マン　「そうなんですか。では、そのところを少し聞かせていただけますか？」

「なぜ会っていただいたのですか？」と、お客様に営業マンが質問する――これは、何とも大胆な質問ではないかと思われるかもしれません。こんなことをお客様に質問したら、怒られるのではないかと思われたかもしれません。

もちろん、質問の仕方などに注意を払うことは必要です。しかし、これほどストレートにお客様の本音に語りかける言葉はないのです。これは**お客様が面会の目的を明確にし、時間を大切に使う営業マンの心遣いでもある**のです。それが明確になれば、営業マンのあなたは話ができます。お客様も改めて目的のために話を聞くのだという自覚ができるのです。

演習❹「なぜ、このお仕事をされるようになったのですか？」

営業マン　「ところで、お客様の現在のお仕事はどのようなものなのですか？」
お客様　「私の仕事は……」
営業マン　「なるほど。このお仕事をされて、何年ですか？」
お客様　「もう、20年になりますね」
営業マン　「そうなんですね。なぜ、このお仕事をされるようになったのですか？」

お客様　「もともと、このようなことが好きでね」
営業マン　「といいますと、いつぐらいからですか?」
お客様　「学生の頃からですね」
営業マン　「そうなんですか。学生の頃と言いますと……」

営業と全く関係ないように思うこの質問、実はとても重要なのです。この質問はお客様の仕事をされるようになった動機を聞くものです。この動機の多くは、過去にあります。ということは、この質問を機転に、お客様の過去の個人的なことを聞けるのです。

新しいお客様と一気に親しくなる方法、それはお客様の個人的な過去を聞くことです。個人的過去を知っている人とはどのような人でしょうか? それはごく親しい人です。たとえば親友です。家族でも知らないことを知っている人が親友でしょう。営業マンのあなたがお客様の過去を知れば、お客様に親友と同じような感覚になってもらえるのです。もちろん、お客様の話を聞きながら、あなたのことも少しは話をすると互いにわかりあえるでしょう。

一気に営業の話をすると息も詰まります。一度、互いにわかりあう時間をつくり、そのうえで、営業の話に入るのです。このための個人的質問を用意しておくといいでしょう。

多くの営業マンはアプローチの重要性をわかっていません。アプローチをプレゼンテーションの単なる前段階としか考えていないのです。会ったときに、名刺交換をし、互いが紹介をし合う。そして、天候の話などを軽くして、少し和んで早々に商談に入るという具合です。このようなアプローチでは、お客様の本当のニーズや欲求も聞かせてもらうことなく、単に商品の説明をして終わりです。まさに上すべりのアプローチとなります。

アプローチの目的はお客様に「前のめり」になっていただくことです。そして、プレゼンテーションの時間と場所をしっかり確保してもらうことです。そういう観点からも、アポイントのときに、多少なりと欲求を聞けたとしてもアプローチは別なのです。

アプローチでは、お客様に個人的な部分の話を聞かせてもらい、互いにわかりあい、人間関係をつくったうえで、再度、欲求をしっかりと聞く必要があるのです。

アプローチがうまくいけば、このあとに続くプレゼンテーション、クロージングがスムーズにいきます。また、その状況がフォローアップにもいい影響を与えるのです。

導入事例

「お願い」営業から「聞く」営業へ売上2億から6億の3倍に

東陽精工株式会社　代表取締役　笠野晃一氏

私は大阪の町工場の3代目です。社員30人のアルミダイカストという金属鋳造の仕事ですが、人も少ないので営業や取引先との打ち合わせはほとんど私の仕事です。

当社は下請け仕事が多く、メーカー直接の取引がほとんどない中、必死の思いで営業し、なんとか毎年1件ぐらいは新規獲得。ところが年の瀬には、2件のメーカーとの契約が打ち切り。結局、終わってみればマイナス1件。増えるどころか目減りしているというのが8年前までの状態でした。

その私が質問型営業を実践してから、毎年10件以上の契約が取れるようになったのです。そして、**現在40社以上のメーカーと取引するまでに至り、2億円だった売上も現在6億になりました。**それもこれも質問型営業を取り入れたからです。

私は8年前に社長になりましたが、当時は正直、自信がなく今後どうすればいいのか不安でした。営業を開始しようにも、口下手で緊張しやすい性分。営業先の周りを車でぐるぐる回っている間に脂汗がでてきて胃が痛くなり、揚げ句の果てに、「今日はやっぱりやめておこう」と、訪問さえできずに帰る始末でした。

意を決して、面会できたとしても、アプローチは決まって「何か仕事ないですか」。そう言われてお客様も困ったと思います。最後には「何かさせてください。一生懸命やりますので」とお願いに変わります。利益など考えず、価格もお客様に合わせて仕事を取ってきます。こんな営業をやっていたので、つくづく私は営業に向かないなと思ってました。

問題はアプローチがうまくいかないことでした。相手との会話が思うようにいかないのですから、成約に至るはずがありません。そこで質問型営業の研修で習ったことを、素直に実行してみました。

「現状はどうですか？」「こんなことがあれば助かるなんてないですか？」と質問し、共感することを心がけました。すると、お客様の反応が違うのです。

この体験で質問の効果を肌で感じた私は、次第に新規営業にも取り組むようになったのです。意外にお客様のほうがどんどん話してくれるようになりました。そして、**いろいろ**

な悩みを共有できるようになり、気がつけば契約に至るのです。

契約のときに「ぜひ、笠野社長にお任せしたい！」と、よく言われるようになりました。本当にびっくりです。私は次第に営業に自信が持てるようになり、本格的に営業に乗り出したのです。

以降は専門家としてまず図面を見せてもらい、**「この製品をどのような思いで作られているのですか？」**と質問します。お客様は製品についての思いをいろいろと話されます。それをしっかり聞いたうえで、**「それ、当社でできますよ」「当社でお手伝いさせていただきましょうか」**と伝えるだけで、「お願いできますか」と内諾をいただくのです。今までと全く違うアプローチであることがわかると思います。

営業先のお客様から「こんな営業初めてだ」と言われることが結構ありました。伺ってみると「取引先が他にわからないので、同じ企業を何年も使っている」とのことです。「技術はあるけど、さっぱり売れない」という言葉を耳にすることはありますが、中小企業の製造業や町工場が営業力をつけることは、私は起死回生の一打になると思っています。

「プレゼンテーション」は思い出させることが大事

プレゼンテーションとは、商品・サービスの説明です。お客様は商品の内容やメリットを聞くことによって、採用するかどうかの判断ができるのです。プレゼンテーションが核であり、中心であることは間違いないのです。**重要なのは、プレゼンテーションをどのような状況でスタートさせるか**です。

同じ商品であっても、お客様が恋い焦がれたものが目の前に提示されるか、単なる商品説明で終わってしまうかは、プレゼンテーションのスタート前に決まっているのです。

演習❺「今回はなぜ、お話を聞いてみようと思われたのですか?」

営業マン　「今日は、改めてお時間を取っていただき、ありがとうございます」

お客様　「いえいえ、一度しっかり聞きたいと思っていましたのでね」

営業マン　「ありがとうございます。先日のお話で何か印象に残ったことはありますか?」

お客様　「やはり、将来設計というのが頭に残りましてね」
営業マン　「そうなんですね。今回はなぜ、お話を聞いてみようと思われたのですか？」
お客様　「やはり、その中でも一番重要なのは、お金の面ですからね」
営業マン　「なるほど。具体的にはどういう部分なのでしょうか？」
お客様　「必要資金や貯蓄など、いろいろな面で考えないといと思いましてね」

アプローチも同じような質問がありました。プレゼンテーションでも、同じように前回のことを、思い出してもらうのです。特に、**プレゼンテーションは商品説明なので、しっかりと今までの内容を思い出してもらう必要があります**。この思い出しほど重要なものはありません。

営業マンのあなたは、一日中商品のことを考え、いろいろな人にこの話をしています。目の前のお客様はそうではありません。あなた以外とは他の話をしているのです。前回話した内容も、その間に頭の片隅に追いやられているのです。そこで、すぐさま、わかっているだろうと思って話を始めると、焦点がぼけたままスタートすることになります。

同じ話だからといってためらわず、思い出してもらうための質問をすることです。もし、お客様が「早く本題に入ってくれ」というような雰囲気でしたらこのように言いましょう。

「お客様、今日、私どもの商品の説明にまいりました。ただ、お客様にとって重要なのは、お客様が今何を求め、どういう課題があるかだと思うのです。ですから、商品説明の前に、それを、もう一度、聞かせてもらいたいのです」

演習❻「何が一番の課題ですか?」

営業マン　「では、現状はどんな感じでしたか?」(現状)

お客様　「以前も言った通りに……」

営業マン　「そうでしたね。それをどのようにしたいということでしたか?」(欲求)

お客様　「やっぱり、できることなら……」

営業マン　「なるほど。それを実現するためには、何が一番の課題ですか?」(課題)

お客様　「やはり▲▲だね。これを何とかしないとね」

営業マン　「それの解決のために、何をやっておられるのでしたか?」(解決策)

お客様　「—をやっているけどね」

営業マン　「その効果はどうですか？」（効果）
お客様　「なかなか進まないね」
営業マン　「失礼ですが、それでいいですか？」（直面）
お客様　「いや、それではだめだね」
営業マン　「では、もしそれを解決できる方法があればいかがでしょうか？」（提案）
お客様　「本当かね。もしそうなら助かるね」
営業マン　「実は、先ほど課題を▲▲と言われましたね。その課題をまさに解決する方法なんです。なぜなら……」

プレゼンテーション前の思い出しから、さらに深めていきましょう。「現状―欲求・課題―解決策―直面―提案」の順に質問をして、絞り込んでいくのです。**プレゼンテーション前は、特に、その中での最も重要な課題を明確にしてもらうことが大事**。したがって、質問の順番は、「現状―欲求・課題―解決策―直面―提案」となるのです。

課題解決のために、プレゼンテーションがあります。最後の解決策の提示では、その課題を盛り込み、解決できると言い切るのです（もちろん、実際にできないといけませんが）。

「プレゼンテーションは、ハーモニーだ！」と私は習ってきました。それは決して説明をお客様に対して、心地よく伝えるということではないのです。お客様が今まで望んでいたことを実現する方法や課題を解決する方法を提示できるから、お客様にとってハーモニーのように聞こえるのです。

そのために、**プレゼンテーションでは、説明よりも、お客様の聞き出しに注力する**のです。アポイント、アプローチの段階でお客様の欲求・ニーズ・課題を質問して、聞き出したかもしれません。再度、躊躇なく聞き出します。今まで聞けなかった深い部分まで聞き出すことです。

そうすれば、そのあとの商品説明は、見事に欲求・ニーズ・課題に焦点が当てられ、無駄のない、シャープで、インパクトのある、希望に満ちたものとなるのです。それこそがお客様にとってのハーモニーなのです。

導入事例

お客様が持っている答えを引き出し、売上1位2位を達成！

ネッツトヨタニューリー北大阪株式会社　箕面小野原店　今村英一氏

私は会社に入ってから15年間ずっと、お客様に車の説明（プレゼンテーション）をして、金額を提示しては「買ってください」と連呼している営業マンでした。自分としては精一杯やっているつもりでしたが、なぜ買ってくれなかったのか、なぜ競合に負けたのか、何がいけないのかがわかりませんでした。

ところが、私は質問型営業の研修を受けて、「お客様は自分の欲求によって買われる」ことを改めてわかったのです。そこから購入してもらうためには「お客様は何を求めているのか」「何を必要とされているのか」「そのために何をすればいいのか」を考えるようになりました。そうすると、単なる説明（プレゼンテーション）ではそれを埋めることはできない、やはり、お客様のことを知るためにもっと聞くことが必要だと気づいたのです。

そこで**「なぜ、プリウスをお考えなのですか？」**というような簡単な質問をするようにしました。そうすると、「今の車の燃費が悪くて……。ガソリン代も上がっているから、燃費のいい車がほしい」などの答えが返ってきて、**「それならプリウスがいいですね」**と言うだけで、お客様への説明がスムーズにいくようになりました。

買いたいという意思はお客様の心の中にあります。買わせるためにいいところを伝えるのではなく、**買いたい理由を質問で聞けばいい**のだとわかりました。それから、質問を中心とした会話が自然と長くなり、お客様のことが今まで以上にわかるようになりました。

このような会話からお客様の車を購入する最終的なハードルもわかるようになり、話をしているうちに「誰が買うのか？」「いつ買うのか？」「何を求めているのか？」「予算はいくらか？」「今、買うことがなぜいいのか？」、この答えをお客様は心の中に持っていることがわかりました。

以前の私の失敗談ですが、車が壊れたので、次の車を買おうとされているお客様がいらっしゃったのです。そのときの車種はＶＯＸＹ（ヴォクシー）でした。すでに何回も面会していましたので、当然買ってくれるだろうと思っていたのです。ところが、他社で買われてしまい、非常にショックを受けました。あとで振り返ってみると**「当社での車の購入**

について前向きに考えておられますか？」「何か気がかりなことはありませんか？」などを聞かなかったのです。もし質問していれば、その対策を十分に打てたと思うので、正直、これは後悔しました。

そのような反省をしながら、質問型営業を続けて3年。営業スタイルに大きな変化がありました。今乗っている車に満足していると言われると、なかなか次の車を提案できないものですが、**「じゃ、次の車に求めるものは何ですか？」「今の車にあと何があればいいですか？」「車の年数が経つうちに出てくる見えないコストや不安などについてはどう考えておられますか？」**などを質問しながら、金額負担も含め次の車の購入を提案するようにしています。即購入に至りませんが、3か月、6か月の中で、「あの話もう一度聞かせてくれ」と言われることが多くなりました。

結果、会社の中で成績も後ろから数えたほうが早い私が、いつの間にか上位に入るようになりました。**悪いときは45人中40位ぐらいでしたが、質問型営業を実践して2位に。1位も質問型営業の研修を受けたメンバーでした。**

現在は会社の新人教育も担当しています。日々お客様と話ができる、話が聞けるように「質問力を高めること」を目指し、新人を鍛錬しています。

「クロージング」はお客様の意思で進めていく

クロージングとは、最終的に契約に入る段階です。アポイント、アプローチと進み、プレゼンテーションで商品説明も済み、最終的に採用の判断をお客様がする段階です。

この段階は非常に繊細です。お客様に費用の支払いが生じるからです。ここで営業マンが対応を間違うと、「もう少し考えさせてほしい」「主人（女房）に相談する」「今回はやめておく」など、消極的な反応を引き出すことになります。

クロージングでは、お客様自らが採用に対して、前向きに踏み切るようにサポートすることが営業マンの役割です。そのためにすべき質問があるのです。

演習❼「このお話を聞かれて、どんな感想をお持ちですか？」

〈返事がいい場合〉

営業マン　「以上で私どもの商品について、お話をひと通りさせていただきましたが、いかがでしょうか？　このお話を聞かれて、どんな感想をお持ちですか？」

お客様　「いや、よさそうだね」

営業マン　「ありがとうございます。どんなところがよさそうですか？」

お客様　「特に、このリビングの感じがよくできていますね」

営業マン　「ありがとうございます。どういうところがよくできていますか？」

お客様　「柱をとっていただき、広くしていただいたので、開放感がすごくありそうです」

営業マン　「ありがとうございます。そう言っていただきうれしいです。私もこの部分については、いろいろ考えました。他の部分については、いかがでしょうか？　ご感想はありますか？」

〈返事がよくない場合〉

営業マン　「以上で私どもの商品について、お話をひと通りさせていただきましたが、いかがでしょうか？　このお話を聞かれて、どんな感想をお持ちですか？」

お客様　「いや、いいとは思うんだけどね」

営業マン　「と言いますと？　何かおありなのでしょうか？」

お客様　「この時期で本当にいいかなと思いましてね」

営業マン　「なるほど。もう少し聞かせてもらえますか？」
お客様　「子どもが結婚をすることになりましてね。費用がいろいろかかるだろうしね」
営業マン　「そうですか。それはおめでとうございます」

ここで営業マンはお客様のお子様のご結婚について、ゆっくりとたっぷり話を聞かせていただいて、一緒に喜んであげる。そして、十分に聞かせていただいたあと、次のように切り出す。

営業マン　「では、そういう中でリフォームされた家に、お子様ご夫婦が来られるとどんな感じでしょうか？」
お客様　「確かにそうだね。そう考えると、この時期だからこそやらないといけないかもしれないね」
営業マン　「そうですよね。そういう中でこのお話は、どのように感じられますか？」
お客様　「いや、そういうふうに考えると今だね」

クロージングに入る前には、お客様の判断を決して急がせてはなりません。お客様はその商品の利益を感じたら、自らの意思で購入を判断されるのです。なぜなら、アプローチ、プレゼンテーションと時間を取ってこられたからです。時間を取って話を聞くということ自体が興味を持っている証拠です。

ここで営業マンがすべきことは、じっくりとその商品の内容を再点検しながらメリットを十分に味わっていただくことです。一緒に味わうことが営業マンの役目なのです。

また、最終段階で躊躇された場合も、落ち着いてその理由を聞いて、理解をしてあげることです。そのうえで、解決策を提示して、感想を聞くことです。そして、納得してもらってから改めて、商品の感想を聞くことに戻るのです。

演習❽「ということは、前向きに進めようということですか？」

営業マン　「いろいろと感想を聞かせていただきました。今回のリフォームについては、十分にご検討していただいたような感じですが」

お客様　「そうですね。大掛かりな改装なので、私自身も多少なりと研究しましたのでね」

営業マン　「なるほど。そういう意味でも、お目にかなっていますか？」

お客様　「まあ、いいと思いますね。あとはしっかりと工事をやっていただけたらと思っています」

営業マン「ありがとうございます。ということは、前向きに進めようということですか？」

お客様「そうですね。そのように考えています」

営業マン「そう言っていただければ嬉しいです。あと、何かご質問がございませんか？」

お客様「そうですね。だいたいわかりました」

最終的にクロージングに入る前に、とても重要なことがあります。それが**「テストクロージング」**です。テストクロージングとは、クロージングに入れるかどうかをテストすることです。**テストクロージングでは、採用の意思があるかどうかを確かめる**のです。

このとき、声のトーンを落とし、静かに話しかけることです。営業マンは最終的な段階に入ると、どうしても焦ったり、興奮したりするものです。でも、それ以上にお客様はこの判断が間違いないかを吟味しているのです。ですから、営業マンはむしろ今まで以上に落ち着いて、お客様が自らの意思で決定を下せるように質問で手助けすることです。

クロージングの段階では、お客様自らが、商品のメリットを十分に感じていただくため、改めて感想を聞くことです。そのうえで、採用に関しての気持ちがあるかどうかのテストクロージングに入ることです。「感想→テストクロージング→クロージング」の順に進んでいきましょう。

よくクロージングの段階になると、営業マンの中にはこの商品がいかに素晴らしいかのメリットを連発して、必死になってお客様をクロージングをしようとする人がいます。これは全くもって間違いです。

クロージングはあくまでも、お客様自らが、自分の意思で進めていくことのサポートです。その意思を引き出す質問が効果を発揮するのです。

導入事例

プレゼンテーション後に〝感じ〟を聞くだけで、12か月連続で目標達成！

ミサワリフォーム近畿株式会社　兵庫店　明上千恵氏

私はクロージングの仕方がよくわかりませんでした。

今は、テストクロージングという手法を使って、プレゼンテーション後に、お客様にどんな感じかを聞くだけでいいとわかったのです。

商談後、**「今日の話を聞かれて、どんな感じですか？」**というふうに聞いていると、いろいろと意見や感想を言っていただけるようになりました。何か注文があるならば、**「ではここをこういうふうに変えますか？」**と聞きます。何もなければ、**「では、これでいきましょうか？」**でいいのです。さらにプレゼンテーションから1週間後の訪問なら、**「この間にどういう話をされましたか？」**と最初に聞くようにしています。このように聞いていると、お客様の気持ちがわかり、スムーズにクロージングに入っていけるようになったのです。

実は、過去にこういう案件がありました。そのお客様は外構のデザインについて悩んでいたのです。私は構造重視の提案をし、納得いただいたうえで契約。ところが工事当日、「やっぱり、――したい」と言われたんです。いくら私たちがこうしたほうがいいとすすめても、お客様は思った通りにやりたいですよね。きちんと聞いていれば、このようなことは起きなかったと思います。

「人は思った通りにしか動かない」が人の行動原則です。お客様の気持ちを質問でしっかりとお聞きし、お客様がメリットを感じていただければ、自ら判断し、それをくつがえされることはないとわかりました。質問をきっかけに、お互いによく話し合うことが、お客様にも私にも重要なんだと気づきました。

質問型営業を続けていると、商談内容に変化が生じます。**「お客様に売る」**から**「お客様が買う」**へと**変わっていく**のです。以前は説明して納得させる営業でした。今は、**「どう思いますか?」「どう感じますか?」「工事はどう進めていきたいですか?」**を最後に聞くようにしています。明らかに営業のスタンスが変わりました。営業マンからアドバイザーになっている感じですね。

特に、お客様のお話を聞いているうちにお役に立ちたいという気持ちが生まれます。そのときに、自然に話を聞く順番が「現状↓欲求↓解決策」になります。営業マンというよりも、プロの専門家として、「差し支えなければ」という言葉で何でも聞くようにしています。お客様はお金をお支払いになられるのだから、当然綺麗にしてもらいたいわけですからね。

クロージングに質問型営業を取り入れたことで、数字に追われる感覚がなくなり、思考も変わりました。売り込もうとしなくなり、どうしたいかを先に聞くようになりました。「リフォームは何年先を考えているのか、今やっておくべきなのか?」「どれぐらい手を加えるか?」「予算も考えて、どうしたいか?」それを聞けるようになったら、営業のプレッシャーがなくなりました。

その結果、**12か月連続で目標を達成**しています。他にも社内のキャンペーンコンテストなどにも常連で入るようになりました。

質問とは、相手のことを知るために有効なツールです。好意を持って質問することでお客様のことがわかります。**質問することによって、お客様との関係のすべてが始まる**のです。

「フォローアップ」で契約率をアップする

フォローアップは、お客様に対して、成果の確認をすることです。

営業マンが意外に抜けているのがフォローアップです。営業マンの多くが売ることに必死で、このことに注目をしていません。フォローアップが、営業の目的を実現して、営業マンが自分の行っている営業という行為に自信を持たせるのです。この段階が営業マンの商品に対する信念を育て、契約率を倍増させるのです。

また、**営業における重要な「紹介」もフォローアップを行うことによって、確実に展開していく**ようになるのです。お客様は採用した商品を自分が使ってよかったと実感できれば、当然友人にもすすめたいと思うからです。

ただ、フォローアップをやみくもに進めても意味がありません。採用の実感を持っていただけるように質問を中心にしたコミュニケーションを行うのです。

演習❾「私どもの商品（サービス）を使われて、どのような変化がありましたか？」

営業マン「いつも、私どもの宅配をご利用いただき、ありがとうございます。お電話少しよろしいでしょうか？」

お客様「はい、かまいませんよ」

営業マン「ありがとうございます。ところで、私どものサービスを使われて、どのような変化がありましたか？」

お客様「とても重宝していますよ。一番助かっているのは、お買い物で重いものがなくなったということですね。これは助かりました」

営業マン「そうですか。それはよかったですね。具体的にはどういうふうに助かりましたか？」

お客様「まず、ペットボトルやビールはいつもお願いしています。あれ、重たかったんです。自宅まで持ってきてくれるから、本当にいいですね」

営業マン「そうですか。よかったですね。あと、商品についてはどんな感じですか？」

お客様「冷凍物が多くていいですね。いろいろ取るようにしています。買い物のあと、慌てて家に帰らなくていいですしね」
営業マン　「それは、よかったですね」
お客様　「本当にいいサービスを紹介いただきました。ありがとうございます」

フォローアップでは再度訪問したり、電話をかけたりして、採用後の感想を聞かせていただくのです。特に、採用後の変化を聞きます。その変化の声は一様に同じかもしれません。でも、一人ひとりのお客様から、改めてその実感の声を聞かせていただくのです。

営業マンは自分の提供したものが喜ばれているという実感を持つことができます。**大事なことは、お客様から感謝の言葉を聞かせてもらうこと**です。自分の提供しているものに自信を持つこと、これが営業に対して計り知れない信念を得ることになるのです。

演習⑩「使われる前と今とでは、どう違いますか?」「たとえば?」

営業マン「お客様、私どもを使われる前と今とでは、どう違いますか?」

お客様「そうですね。使う前は、いつもばたばたしていました。今は、わりと落ち着いています」

営業マン「それはよかったですね。たとえば、具体的に言うと、どういうことですか?」

お客様「前は、時間をやりくりして買い物に行っていましたからね。それに、重いものがあったときは大変でした。今は、買い物の量も減ったし、行く日も買うものを決めているから、ゆったりと買い物ができているんです」

営業マン「それはよかったですね」

お客様に商品の採用前と採用後の変化を実感してもらうことが重要です。他と比べるのではありません。**自分自身の昨日と今日、採用前と採用後の変化を見てもらう**のです。

お客様が商品の採用を通して、日常の変化を見ることにつながり、お客様が商品・サービスのメリットを実感する一番いい方法となります。営業マンのあなたはそれをじっくり具体的に聞いてあげるのです。それは、単なるメリットだけでなく、時間、そして人生の豊かさを感じる変化でもあります。それこそがお客様からの自然な紹介につながるのです。

私たちが行っている仕事の意味をどのように知ることができるでしょうか？　お客様に提供した商品・サービスはお役に立ったか、喜んでいただいたかで知ることができるのです。

そのために採用後のお客様の商品から得られた喜びの声を聞くことです。電話でも訪問でもどんな形でもいいので、その声を聞きましょう。

あなたは営業のときに「採用すればこのようなことになりますよ」と言っていたはずです。それを実現しているかを確かめるのです。実際にお客様から感謝の言葉としていただいたときにこそ、あなたは営業として役割を果たした喜びが湧きます。もっと多くのお客様のお役に立とうという強力な信念も湧くのです。

つまり、フォローアップで、売上を倍増するエネルギーを得られるわけです。

そんなあなたをお客様も放っておくわけはありません。自分の周りにあなたとその商品の存在を伝えてあげたいと思っているはずです。

あとはあなたが「周りの方でお伝えしたい方は、いらっしゃいませんか?」「周りの方に私どものことをお話しした方はいらっしゃいませんか?」「私どものことをご推薦いただけませんか?」と働きかければいいのです。

そうすれば、その場か、後日にご紹介をいただけるのです。

最終的には紹介だけで、あなたは営業できるようになるのです。

導入事例

フォローアップでお客様の気持ちを確認、契約の3分の1は紹介で決まる

大阪よどがわ市民生活協同組合　営業　藤井光治氏

「フォローアップ」は、お客様に採用後の成果を確認することだったのですね。これまでは説得型の営業でしたので、売り込んだという申し訳なさが先で、「採用後の訪問なんてとんでもない」とか、「この方は今忙しいんじゃないか」などと余計なことばかり考えていました。

ところが、質問型営業を行うようになって、契約後のお客様を訪問するようになり、今までの営業のイメージが変わる大きな衝撃を受けました。感謝の言葉を数多くいただけたからです。

「この食品がとてもおいしい」「子どもが喜んで食べてくれるようになった」「重いものを持ってきてくれるから助かった」「とにかくいい」って。そうすると、私の心の中に「よ

かったな」「嬉しいな」という思いがじわじわ湧き上がってくるのです。ですから、担当地域の中でお客様がいたら、「まず訪ねてみたい」という動機が生まれました。時間さえあれば、一日中やっていてもいいぐらいです！

だから、新規のお客様のところに足を運ぶときは、モチベーションがものすごく上がっていて、自然に「がんばろう！」なんて思っている自分がいるんです。そのときですね、フォローアップの大切さが初めてわかったんです。

これまでフォローアップをやっていなかったわけではありません。お客様が私どもの生協にご加入いただいたあとに、電話で感想を伺うという業務は以前からありました。ところが、その行為に何の意味があるのかわからず、やらないといけないという義務的な気持ちで業務をこなしていました。

今は**「先日はありがとうございました。ご加入いただいたあと、どうかなと思いまして……」**と積極的にお話ししたら、返ってくるのは、感謝の言葉ばかり。その言葉を聞くたびに、自分の仕事に対する自信が高まります。

それから、お客様によるご紹介も多くなりました。「心当たりがあるから、聞いといてあげるね」と言われて、実際、あとでお客様から電話をいただけるのです。今まで、お客様から電話がかかってくることなんてありませんでしたからね。**今は、紹介件数が増えて、契約の3分の1は紹介によるものです。**「研修のときに紹介で広がり、営業がいらなくなりますよ」と言われたことがようやくわかりました。

実はどのお客様も、誰かから生協の評判を聞いて、私たちに興味を持ってもらい、入会いただいているのです。これを私は「埋もれた紹介」と言っています。契約のときに「誰から話を聞かれていたんですか？」というふうに尋ねてみたら「〇〇さんから聞いたの」とよく話されます。ですから、「もし、周りにお買い物で困っている方がいらっしゃいましたら、声をかけてあげてくださいね」と話すようにしています。

今までは加入してもらったら終わりでした。今はお客様が加入していただいてからがスタートだと思うようになりました。ゴールがスタートになったんです。「これから活用してもらって、喜んでもらえるな」と思えるようになりました。

おかげさまで、今は成績が落ち込んでいたときの倍の実績をあげています。前年比150％を達成しました。余談ですが、トップも質問型営業を同じように受けているメンバーで、彼も以前から上位にはいましたが、ダントツのトップに。私は、予算に対して未達が多かったのですが、すべて達成できるようになりました。

第4章

今日のことを明確にし、振り返ると営業力は倍増する

ほとんどの営業マンがやっていないシミュレーション

今まで質問型営業の原則と方法、質問型営業を身につけるためのロールプレイングの方法、そして実際の各場面のロールプレイングの内容、質問型営業で成果をあげられた方々の体験談をお話ししてきました。あなたも質問型営業を現場でやってみたくなっていることでしょう。すでにやっている方もいらっしゃるかもしれません。

では、これで完全に質問型営業を現場で実践できるか？　実はこれを現場で実践するうえで成果をあげるツールと、現場で実践するたびに質問型営業の実力を確実に上げるツールがあるのです。

この章では、2つのツールについてお教えします。2つのツールがあったからこそ、私は質問型営業の精度を高めてこられました。あなたも2つのツールを武器にしてください。そうすれば、質問型営業で大きな成果をあげることができるでしょう。それもわずか3か月で、です！

では、まず、1つ目のツールからお話しします。1つ目は**「シミュレーションシート」（課題解決シート）**です。このシートは、あなたが営業現場に向かうときに書いていただきたいものです。

あなたは質問型営業を理解してきました。営業のそれぞれの段階でどのような質問をすればいいかもわかってきました。ただ、問題があります。お客様はすべて状況も違い、欲求・ニーズ・課題も違い、タイプも違うということです。百人百様なのです。

その場合、どうすればいいのか？　まさに相手の状況に合わせた質問型営業を使った面会方法を考える必要があります。想像される面会の状況を具体的に書き出し、対策を練ります。書くことで具体的になり、会話・質問の手順を明確にするのです。

お客様の状況、欲求・ニーズ・課題、タイプを把握して、どのような面会を行うかを考え、それを、シミュレーションシートに書き出すのです。

あなたは「思考は実現する」とか「イメージは実現する」という言葉を聞かれたことがありますか？　あなたが頭の中で思ったり、イメージしたりしたものは実現するということです。

ところがいくらいいイメージをしようとしても、ここにお客様が登場すれば別です。お客様は自分なりの思いや意思を持っています。お客様の状況や思いを受け入れたうえで、それをどのようにあなたが目指す方向へともっていきたいかの思いとイメージを持たなければいけないのです。

歴代の横綱で千代の富士という力士がいました。千代の富士は、戦後3位の53連勝や通算勝ち星1045勝という歴代3位の最多記録を達成し、国民栄誉賞を受賞した大横綱です。千代の富士の得意技が左前ミツです。前ミツを取れば、誰もかなわないと言われていました。

しかし、実際には千代の富士は研究熱心で常に翌日の対戦相手に対する研究をし、どう闘うかをシミュレーションしていたのです。

頭の中だけのイメージであれば、まだまだ不鮮明な部分が多い。ですから、お客様一人ひとりに対して、具体的にどのように対応するのかを明確にするのです。

シミュレーションシートに具体的に書き出し、行動段階まで考えると、具体的にイメージできます。ただし、あまり時間はかけないでください。1枚書くのに10分まで。あまり念入りに時間をかけると、だんだんと億劫になってやらなくなるからです。

シミュレーションシートを事前に書いておくと、次のような効果があります。

①お役に立つための思いが強くなる

シミュレーションシートに具体的に書き出す時間は、お客様のことを思っている時間です。お客様に対するお役に立つための思いを強めているのです。

②余裕と自信が生まれる

これからの面会の事前準備で、お客様との会話を予想します。すると、落ち着いて面会に臨むことができるのです。それが、あなたに余裕を与え、自信を与えます。お客様はそんな営業マンのあなたを見て、安心と期待をするのです。

③落ち着いて対応できる

あなた自身も事前準備したことで、ベストの状態で面会に臨めます。仮に予想と異なったお客様の反応でも、落ち着いて対応できるはずです。この落ち着きがお客様への対応力をつくり、結果としていい面会に仕上げるのです。

④後悔より改善

思った通りにならなかったとしても、事前準備をして臨んだので、後悔はありません。もし、準備をしていなければ、「ああすればよかった」「こうすればよかった」と後悔の念を持つことになります。

シミュレーションシートで準備をし、ベストで臨んだのですから、思い通りにならなかったとしても、出てくるのは「では、次はこのようにしよう」という改善なのです。

このように、シミュレーションシートは、あなたに**「自信」「ベストな対応」「改善」**などを与えてくれます。このシートは面会だけでなく、あなたの課題解決にも役立ちます。ぜひ巻末のシートを活用してください。

効果的なシミュレーションシートの書き方

　では、具体的にどのように書けばいいでしょうか？　ここではサンプルも用意して、書き方をお話しします。

　まず、シミュレーションしたい内容を明確にしましょう。このときに質問形式で書けば、あなたの創造力を刺激するはずです。「鈴木さんのアポイントを取るには？」「山本さんとの面会でプレゼンテーションの時間を取ってもらうには？」「佐藤さんのクロージングを成功させるには？」などと書けばいいでしょう。ここから具体的に考えていきます。

①現状を客観的に書く

　まずは、お客様の状況を書き出します。アポイントの状況や話した内容などわかることすべてを書き出し、あなたの気持ちなども書きましょう。このときに重要なのは客観的に書くことです。最低5つは出しましょう。

②欲求

次に、お客様はどのようにしたいと思っているのか？　あなたは、どのようにしたいと思っているのか？　改めて、欲求を書き出します。この欲求を叶えるべく、この面会があるのです。

③一番の障害

この現状の中で、どうすれば欲求を叶えることができるでしょうか。そのための障害を書き出しましょう。人間の行動原則は「感じ・思い↓考え↓行動↓結果」でした。このように見てみると、お客様の感じや思い、あなたの感じや思いにポイントがあると思われます。しっかりと客観的に見つめて、最大の障害を１つ書き出しましょう。それが解決できれば、あとの障害は解決される場合が多いからです。

④解決策

障害の解決策を練りましょう。思いつくことを最低３つ書きます。

⑤行動段階

解決策をどのように具体的な行動に移すのでしょうか。ここでは、解決のステップとしての具体的な行動を明確にします。最低5つの段階をつくりましょう。

⑥評価

あなたの気持ちを評価しましょう。欲望、自信、決意を評価するのです。すべてがそろえば、スタートです。そろわなければ見直しましょう。

⑦記入後の感想

今まで書き上げたものを見て、感想を書くと、再度気持ちを固めることができます。

⑧振り返り

このテーマについての行動を終えたら、振り返ってみましょう。うまくいったら自信を得ることができ、次への弾みがつきます。うまくいかなければ、改善点を見つけて、次に活かすのです。

サンプル

シミュレーションシート（課題解決シート）　　記入日　2021年　3月　1日

（課題・質問形式で）

田中さんに契約してもらうにはどうするか？

1 現状を客観的に書く（現在の状況・気持ち・相手がいる場合はその人の状況・気持ち）※5つで足りなければ右側に番号をふってください

1. 先週、田中さんにいいプレゼンテーションができた。
2. 田中さんの感触もよく、採用したいそうだ。
3. 資金的に少々厳しいようだ。
4. でも、1週間後に話し合う約束はしている。
5. あとは、自信を持って背中を押してあげることだ。

2 欲求

相手　採用したいと思っている。

自分　採用していただき、おつきあいしたい。お役立ちしたい。

3 一番の障害（感じ・思い→考え→行動）

「資金面が厳しい」と田中さんが思っているところ。

4 解決策

1. 今回の投資のメリットを伝えよう。
2. 具体的にどれぐらいメリットがあるか算出しておこう。
3. 自信を持ってすすめよう。

5 行動段階

	行動段階	期限
1.	事前にメリットを算出しておこう。	前日
2.	自信を持って臨もう。	当日
3.	まずは、どういうことを考えたかを聞こう。	当日
4.	その中で、問題を聞こう。	当日
5.	最終的に私のつくったメリット表を説明しよう。	当日

6 評価

1. この課題を私は、本当に解決したいの？……（欲望）➡ (Yes) ? No
2. この解決策で、本当に解決できるの？……（自信）➡ (Yes) ? No
3. この解決策を本当に行動に移すの？……（決意）➡ (Yes) ? No

7 記入後の感想

まずは焦らず、自信を持って聞こう。

8 振り返り（2021 年　3月　1日）

契約！　よかった。焦らず話を聞いたのがよかった。

営業で差がつく「振り返り」の重要性

シミュレーションシートで面会の精度を上げることができれば、あとは「振り返り」です。まずは、シミュレーションシートの最後の記入箇所で、面会の振り返りを毎回やっていただければいいでしょう。

さらに、一日の終わりに、その日の振り返りを行うのです。**振り返りによって、どんな状況、どんな面会に出会おうと「前向きな姿勢」を持てる**ようになります。

前向きな姿勢とは、出会ったすべてのことを受け入れ、認めることです。どんなことが起ころうとも、不平不満を言うのではなく、その出来事を肯定し、活かすことです。また、自分の行ったことに対して、うまくいったことを認め、自信にし、うまくいかなかったことを認め、進歩・成長・変化のきっかけとすることです。

その鍵は「客観的姿勢」です。起きたことを書いて分析していくと、客観的に見ることができます。

そうすると、どうなるでしょう？　どのようなことが起こってもポジティブに受け止めることができます。そして、今日の出来事が明日につながるのです。「すべての出来事が私にとって貴重な体験だ。自信と進歩・成長・変化しかないのだから。あー、なんてありがたいことか！　ということは、明日もいいことばかりだ！　そうなんだ！　明日も楽しみだ！」となるのです。この振り返りは、あなた自身が前向きな姿勢をつくり出すのに抜群の効果があるのです。

あなた自身が質問型営業を完全に身につけるためにも、振り返りは効果があります。あなたが今日、面会した内容などについて、印象深いことを1つだけでいいですから、深く振り返るのです。

うまくいったことは「なぜうまくいったのか？　理由は？」と考えます。

うまくいかなかったことは、理由を考えると自分を責めがちになり辛くなりますので、「うまくいかないということがわかった。そこからどのようなことに気づいたか？」と考えます。

そうすると、うまくいったことからは自信を得て、うまくいかなかったことからは進歩・

成長・変化のきっかけを得ることができます。

この理由と気づきから、「やはり、人は自分の思った通りに動きたいのだ！」とか「営業はやはりお役立ちだ！」という質問型営業の原則に立ち返っていただけるのです。あるいは、今までにあなたが学んできた原則に立ち返ることができるのです。

このときに、あなたは自分の体験によって、原則を再原則化しています。重要なことは「原則、理論、方法、体系」（モデル）を体験によって深く理解できたことです。これを、「再原則化、再理論化、再方法化、再体系化」（再モデル化）といいます。

このことを毎日、振り返りで実感するのです。その中で、あなたはますます営業の原則と方法、自分が学んできた原則と方法を自分のものにできるのです。

営業の数字を把握することも重要です。ただ、月間や週間での営業数字はこなした件数などの結果しか見えません。確かに数字も大事ですが、それらは日々の結果にしかすぎないのです。

大事なのは、毎日どのような面会が行われて、どのような学びがあるかです。営業に学びがあると、今後の面会には必ず進歩・成長・変化があるはずです。

たとえば、「面会でお客様が話してくれる時間が長くなったのは、質問ができるようになったから。さらに質問を増やそう」「お客様の欲求を聞いたら、そこから一気に話してしまった。障害や解決策を聞くべきだった。次回からそうしよう」などです。

その小さな変化が次の面会内容や面会時間、面会件数を変え、最終的に業績に反映されるのです。日々の小さな変化を見逃してはいけません。その小さな変化こそが大きな変化をつくるのです。

振り返りにより、営業マンは自ら育ち、サポートする上司も日々の営業の状態がよくわかり、アドバイスしやすくなります。振り返りこそ営業力を育成する最高のツールなのです。

実績をあげる振り返りシート

では、振り返りシートの書き方です。これで、今日起こったことをしっかりと振り返るのです。これは日報にも活用できます。

●今日やりたいこと

まず、今日、自分がやりたいこと、やる必要のあることを書き出しましょう。今日の目標を明確にすると、それを達成するだけでなく、行動内容もよくなります。

●今日の振り返り：印象に残った出来事

あなたの今日の出来事の中で、印象に残ったものを3つ書き出します。「今日やりたいこと」の中でうまくいったことや、うまくいかなかったこともあるでしょう。それ以外にもあなたが出会ったことなど、印象深いものを書き出すのです。これは、あなたの日々の記録にもなります。

●特に印象に残った出来事

3つの出来事の中で、特に印象深いものを選び、振り返ってみます。3つすべて振り返るよりもどれか1つを次の順番でしっかり振り返り、自分自身に役立てるのです。

①出来事のその状況（具体的に）

選んだ出来事の状況を詳しく書き、それを再度味わいます。

②そこで感じた感情

①の出来事に対して、あなたはどのようなことを感じ、思いましたか？

③理由・気づき

②をしっかり受け止め、うまくいったこと（※1）とうまくいかなかったこと（※2）に分け、それぞれについて次のように書きます。

※1　あなたにとってうまくいったことについては、なぜ、そのような結果を得ることができたのか、自分の中の考えや行動がそのような結果に結びついたのか、要因や理由を考え、自信を得るのです。

※2　うまくいかなかったことについては、そのことからどのような気づきを得たか、何を学んだか、どんな意味があるのかを考えます。そのような結果になった要因や理由を考えると、自分を無意識に責めてしまいます。それよりもそのことから、気

づきや学びを導き出すのです。そうすることによって、そのことが意味あるものになります。

④本質的な気づき

この出来事の中で、あなたは何を気づきましたか？　そこからどのような原則や方法を得たでしょうか？　あなたが今までに知っていた原則や方法、あるいはあなた自身が得たものでも何でもいいです。あなたは自分の体験を通して、知っていたものであれば、再モデル化できたのです。

⑤あなたの思い・考え

あなたは④で得た原則や方法をじっくり見て、どのようなことを思い、考えるでしょうか。しっかり味わうため、あなたが思うこと、考えることを書きましょう。

⑥それを今後の行動にどう活かすか？

さて、④で得た原則や方法を明日からの行動にどう活かすか。その行動を2つ書き出しましょう。

⑦その行動からどのようなイメージができるか？

その行動を起こすとどのような展開になり、結果を生み出すでしょうか？　それを想像し、6段階で展開するか、あるいはその展開と結果を書き出しましょう。そうすると、あなたはモチベーションが上がり、自然とその行動を起こすようになるのです。

⑧今日の出来事はすべてGood　News！であり、感謝！　感謝！

書いた内容を振り返り、この出来事を感謝で受け止めましょう。この印象深い出来事に対して、そこで関わった人々に対して、書きながら心から感謝をするのです。ここで感謝できることが、すべての出来事を肯定的に受け止め、ポジティブになる秘訣です。

このように、あなたが今日という1日を過ごした中で、何を感じ、何を思ったのか。それをどう受け止め、何を学んだのか。それを今後のあなたにどう活かしていくのかを書き出してください。

このときに注意してもらいたいことは、その出来事を、「よかった」「悪かった」の評価で終えないことです。あなたに起きるすべての出来事はよかったことなのです。

うまくいった例

振り返りシート　　日付　2021年　1月　15日（金）　氏名　青木　毅

今日やりたいこと

1. 鈴木さんへのアプローチでプレゼンをする
2. 佐藤さんへのフォローアップで成果を聞く
3. アポイント3件

今日の振り返り

印象に残った出来事（その中で特に印象に残った出来事に○印をつける）

(1.) 鈴木さんへのアプローチがスムーズに進み、次回はプレゼンとなった。
2. 山本さんの欲求をうまく引き出し、アポイントが取れた。
3. 佐藤さんのフォローアップで成果を聞けた。

○印をつけた項目について（具体的に振り返りましょう）

1 出来事のその状況（具体的に）　※一番印象深いのに○をして、掘り下げよう！

1. 質問を意識した。
2. 質問の中でも特に現状をよく聞くことができた。
3. 鈴木さんへのお役立ちの気持ちが湧いてきた。

2 そこで感じた感情

うまくいった。うれしい。この調子で今後も臨もう。

3 理由・気づき　うまくいったことは（その原因・理由）　うまくいかなかったことは（そこからの気づき）

まず、質問して聞くことに徹した。

4 本質的な気づき

仕事とはお役立ちであり、それは、質問して聞くことから始まる。

5 あなたの思い・考え

「聞くこと」こそお役立ちである。特に現状のことをよく聞く。
明日のアポについても、現状―欲求・課題―解決策―直面―提案を意識する。

6 それを今後の行動にどう活かすか？

1. 山本さんについても事前にこれを言い聞かせる。
2. 電話アポについてもこの順番を言い聞かせる。

7 その行動からどのようなイメージができるか？（どのような結果を生み出すか）

山本さんの気持ちを聞くことができる→しっかりと話が聞ける→現状がよくわかる→本音を聞ける→お役立ちの気持ちが湧いてくる→プレゼンの機会を得る。

8 今日の出来事はすべてGood News！であり、感謝！　感謝！（感想）

聞くことこそ、成果につながる秘訣だ。
そのことに気がつかせてくれた鈴木さん、ありがとう！

うまくいっていない例

振り返りシート　　日付　2021年　1月　16日（土）　氏名　青木 毅

今日やりたいこと

1. 田中さんへのプレゼン
2. 部下とのミーティング
3. 企画書づくり

今日の振り返り

印象に残った出来事（その中で特に印象に残った出来事に○印をつける）

(1.) 田中さんへのプレゼンテーションで話をすぐ始めてしまった。
2. やるべきことを3つこなした。
3. 部下の話をまず聞いて、いいアドバイスができた。

○印をつけた項目について（具体的に振り返りましょう）

1 出来事のその状況（具体的に）　※一番印象深いのに○をして、掘り下げよう！

1. 結論として、「一度考える」と言われてしまった。
2. うまくいくだろうという安易な気持ちがあった。
3. 田中さんの社長という立場にのまれ、「説明して」という言葉にのってしまった。

2 そこで感じた感情

しまった。残念。わかっていたのに、相手の勢いに気をのまれた。

3 理由・気づき　うまくいったことは（その原因・理由）　うまくいかなかったことは（そこからの気づき）

うまくいくだろうという安易な気持ちは禁物！
どんなときにも質問を意識する。

4 本質的な気づき

質問こそ相手へのお役立ち。

5 あなたの思い・考え

お客様は本心では期待している。プレゼンはその最高の場面。
「お役立ち」のために、しっかりとプレゼンをイメージする。

6 それを今後の行動にどう活かすか？

1. プレゼンをイメージしていつも臨む。
2. プレゼンに入る前の質問の順番を決める。

7 その行動からどのようなイメージができるか？（どのような結果を生み出すか）

これから会う人に対して、お役立ちの気持ちに溢れる。そうすると、お役立ちの会話ができ、
相手にそれを感じてもらえる。それが本音を引き出し、いいコミュニケーションができる。
これによって、いい商談となり、契約になる。

8 今日の出来事はすべてGood News！であり、感謝！ 感謝！（感想）

「お役立ち」こそが、営業の目的。
それに気づかせてくれた田中さん、ありがとう！

「ロールプレイング」「シミュレーション」「振り返り」が営業を極める

営業で最も重要なことは何でしょうか？　それは「こんないいものがある！　これを皆に教えてあげたい！」という気持ちです。これを**「お役立ちへのモチベーション」**と私は言っています。この気持ちさえあれば、少々の断りや誤解なんて何とも思いません。むしろ、その誤解が解けたときには、お客様から心から感謝していただけます。「きっと、喜んでいただける！」「きっと、ありがとうって言っていただける！」と思うだけでワクワクして、アポイントを取る声が弾みます。アプローチへ進むことが楽しみになります。

私自身が36年間、営業の世界で生きてきて、一番感じているのはこれです。お役立ちへのモチベーションがあらゆる障害を乗り越えるのです。

もちろん、そのためには「提供する商品・サービスは必ずお客様に喜んでいただけるという理由」がいるでしょう。そして、「商品・サービスをお客様にしっかりと説明する技術」

がいるでしょう。

特に問題があるのは、「お客様にしっかりと説明する技術」です。ここでの「お客様にしっかりと説明する技術」は、あくまでも、お客様が「前のめり」で聞こうという状態で、効果を発揮するものです。

お客様が前のめりの状態でないときには、それは押し付けになります。営業マンが嫌がられる理由はここにあるのです。

ではこの問題をどうすれば解決できるでしょうか？　お客様に歓迎され感謝されるような営業は、どうすればできるのでしょうか？　そのポイントが「ロールプレイング」「シミュレーション」「振り返り」にあるのです。これらが、**常にお客様目線でい続け、お客様の気持ちを理解しながら営業する秘訣**です。これで、営業を極めていくのです。

まず、「ロールプレイング」は今までにお話ししてきたように質問中心です。お客様を想定して、質問のトークスクリプトに基づき、一人でロールプレイングを繰り返しましょう。そのうえで二人で営業マン役とお客様役になり、ロールプレイングをするのです。営業マン役は実際に質問を展開します。これで、質問の仕方、質問の内容、共感の仕方、間の取り方などがわかります。お客様役になった人はお客様の気持ちがわかります。これを何回も繰り返すのです。役割も替えて繰り返します。このようなロールプレイングの練習を行うと、お客様に面会してみたいという気持ちになります。

その気持ちになったらアポイントを取ります。もちろん、アポイントでも質問中心のトークをつくり、ロールプレイングの練習もしましょう。

アポイントを取るときには、「シミュレーションシート」を書くのです。そうすれば、電話の向こうのお客様がどんな気持ちでいるかがわかり、固くならずに接することができるでしょう。それがあなたの声の艶となり、優しさ、温かさとなるのです。

アポイントが取れ、面会に向かうときにも、「シミュレーションシート」を書きましょう。電話したことにより、状況がわかり、現状を踏まえたうえでの面会ができるでしょう。

いよいよ、面会です。あなたはこれまでにロールプレイングで練習してきました。シミュレーションで準備もしてきました。ですから、最大限に力を発揮した面会ができるのです。

面会を終えたあなたは、それを「振り返りシート」で振り返ります。何がうまくできたのか、何がうまくいかなかったのか？　あなたが面会でうまくいったことでは自信を得て、うまくいかなかったことでは進歩・成長・変化の気づきを得ます。それによって、さらに次に向けてステップアップできるのです。

このように見ますと、ロールプレイング、シミュレーション、面会、振り返りであなたの営業力はますますアップしてきます。特に、ロールプレイング、シミュレーションという準備と振り返りが非常に重要です。面会ではあなたがその準備をしたものをもって最大限の力を発揮するだけなのです。

つまり、**最大限の面会をするためのロールプレイング、シミュレーション、振り返りこそが、あなたが営業を極める強力なツールであり、武器である**といえるのです。

第 5 章

オンライン営業は ネット以前の営業で うまくいく

オンライン営業で重要なこと

コロナ禍の状況になり、2020年2月あたりから、世の中の状況が一気に変わってきました。会社への出勤もままならず、多くの企業では自宅で仕事をオンラインで行うようになりました。

営業を行っている多くの方々も例外ではありません。営業できなくて、活動がストップした企業も多かったでしょう。このことをきっかけに、直接面会の営業だけではなく、営業活動全般においても、オンライン活用が必須になりました。

では、営業のオンライン活用で、重要なことは何でしょうか？　まさに第1章でお話ししたように、**「お客様へのお役立ち」**です。自分の提供する商品・サービスがお客様のお役に立つということ。お役に立ちたいという「純粋な動機」で、**お客様に商品・サービスの情報をお伝えすることが営業の役割**です。

すでに、ネット上では、世界各国のさまざまな商品・サービスを手に入れることができる時代です。ネットの画面を通して、文字を通して、動画を通して、ほしい商品・サービスが売買できます。

だからといって、営業という職種が消えたわけではありません。**営業の価値はむしろ高まっている**といえます。

営業マンという生身の人間が登場し、お客様の欲求・ニーズ・課題をヒアリングして、その解決策としての提案をしてくれたら、お客様にとってもこんなにありがたいことはないのです。

今までの「お客様と直接面会することが営業」という考え方から、地域、時間に関係なく、**「お客様の欲求・ニーズ・課題の解決策をオンライン上からもお届けするのが営業」**という考え方に転換すべきなのです。

そうすれば、営業として、何をしなければいけないかが見えてきます。

オンライン営業で困っていること

多くの営業マンは、オンライン営業で何が難しいと感じているか？　主なものを３つあげてみましょう。

①面会できないことで、商品・サービスを直接見せられない、伝えられない
②相手先の会社や個人の雰囲気・空気がつかめない
③直接相手を訪ねていくことで示せていた誠意が伝わらない

以上が、主に、オンラインよりも面会がいいと考えている営業マンが抱えている問題です。では、それらをクリアするオンライン面会ができればどうでしょうか？

実は私には、今回のように人に会えない状況下で営業し、成果を出していた時期があります。

それは、２０００年以前の話。電話とスカイプだけで、コーチングのビジネスをしていたときのことです。

そこに、オンライン営業がうまくいく秘訣がすでにありました。

今までの面会とオンラインでは何が違うか？

コロナ禍の状況になり、私自身、営業スタイルを変えざるを得ませんでした。これまでは、質問型営業を企業に指導するのに、企業先に出かけていました。個別のグループ研修などは、当社の研修室に来ていただいておりました。これらが、すべてストップになったのです。企業研修の多くがキャンセルになりました。

そこで、個別のグループ研修も企業研修もオンラインに切り替えることにしました。しかし、私には、このような体験が以前にもあったのです。それは、20年前にIT化が進みだしたとき、HPやメールマガジンで営業活動を行った経験です。

私はこの頃、コーチングをビジネスとして行っていましたが、HPやメールマガジンで広告宣伝を行い、普及するという方法を取りました。問い合わせは日本全国をはじめ、アメリカやヨーロッパに住む海外の日本人からも何件かありました。

当時は、電話かスカイプでの音声で対応するしかありませんでした。それ以前は対面での対応でしたが、電話かスカイプの音声だけで営業、契約、コーチングのすべてをこなしたのです。

最も重要な契約さえも電話だけですべて行い、金銭のやり取りも、請求書と振り込みだけで済ませたのです。

最終的に**クライアントの方々には、1年近くにわたるコーチングを一度も面会せずに電話だけで行って成果を上げてもらい、お互いに満足のいく状態で終了しました。**

電話・スカイプでは、常に相手の課題や問題を解決するために時間を使いました。このときに使っていた方法が、質問型営業だったのです。質問で相手の目標、課題を引き出し、さらにそれらの障害になっているものを聞き出し、解決法を聞き出し、一緒に解決するための時間としていました。

その内容に納得した相手は、私のクライアントになりました。そして、コーチングを始めた後も、質問型でクライアントの課題を解決していきました。

当時、コーチングを行ったクライアントの集まりを、年に1回横浜や京都で行っていましたが、そのときに初めて直に対面する人が何人もいました。

このコーチングビジネスでは、お客様が私のコーチングの効果にほれ込んでくれ、このビジネスをしたいと言ってくる人が出てきました。そのスタッフにも電話、スカイプでの営業方法、契約方法、コーチング法を指導して、コーチングビジネス一本だけでやっていけるようにもなっていました。

そのコーチングビジネスを6年ほどやっていましたが、リーマンショックのときに、質問型営業へと仕事を切り替えました。それは、ある会社から私が電話などで行っているコーチングの営業方法を教えてほしいという依頼を受けたからです。その仕事を引き受けて指導しているうちに、世の中には私のやっている営業が必要で絶対的に役立つものと感じたのです。これが、質問型営業のスタートです。

その後、質問型営業を教える人たちには、コーチングで使っていた内容も同時に教えています。それが、第4章で紹介した「シミュレーションシート」や「振り返り」で、コーチングで効果を上げていたものです。

このような経験を経ていた私は、コロナ禍でのオンラインに切り替えても、一切違和感がありませんでした。以前、音声だけで仕事をしていた私にとって、Ｚｏｏｍのような映像と音声でやり取りできることが非常に便利でありがたいと思うほどです。

むしろ、企業先で研修を行うために全国を回っていた私にとって、Ｚｏｏｍは家に居ながらにして、研修ができる便利なツールでした。企業も個人もそうせざるを得ないことは、私にとって必然でした。

やがて、個人のグループ研修をオンラインに移行して、さらに企業研修も復活したものからすべてオンラインで行うようになり、現在に至っています。研修だけでなく、打ち合わせやプレゼンテーションなどもすべて、それで行っています。結果として、当社の業績も上がっています。

ポイントは時間と場所の設定

今まで、営業は、お客様と直接お会いして話すというのが絶対的な条件でした。直接お会いすれば、その人の微妙な心理も読み取れます。エネルギーも伝わります。映画やテレビを通してよりも、直接舞台を見に行くと感動のレベルが違います。観劇やコンサート、ライブがすばらしいのはそのためでしょう。営業の世界にも当てはまります。

だからと言って、「直接会うほうがいい」などといつまでも言っていたら、今の時代に適応できないのです。

今回のコロナ禍はむしろ、またとないチャンスと捉えるのです。私たち人間は余力があると、なかなか変化を受け入れられません。どうしても必要であるとか、それがないと生きていけない状態になって初めて対応します。

では、どうすれば、オンラインに切り替えることができるでしょうか？

対面の営業では突然の訪問もできるでしょう。オンラインの場合はそうはいきません。**相手にオンラインで話し合える「時間と場所」を用意してもらわなければいけない**のです。手軽に行えるものではありますが、それなりの用意が必要です。

特に重要なのは、**「時間と場所の設定」**です。時間と場所をいかに取ってもらうかがオンライン営業の鍵です。

今まで、「とりあえず会うことが重要」という考えで営業していた人は切り替えが必要でしょう。ルート営業だからと言って、「毎度〜」などと顔出ししていた営業も切り替えが必要です。

では、どのようにすれば、オンラインの商談に持ち込むことができるでしょうか？

それには、戦略や方法が必要です。

それらを駆使して、オンライン営業に持ち込めると、これからの時代に強力な武器を得たことになるでしょう。オンラインなら直接訪問することがないので、時間が節約できます。対面での営業に付帯するいろいろな経費もかかりません。事務所や応接室、会議室、研修室などあらゆるものが削減できるのです。

時代がもっと加速すると、カメラやパソコン、音声などの性能が高まり、動画や音声も、面会と変わらないような性能を持てるようになると思います。そういう意味で、営業においても一気にオンライン化を進めることが重要でしょう。

ここまで来たら、どれだけ早く頭を切り替えて、営業のやり方を変えていけるかが勝負を決めます。そして質問優先の会話で、相手を引き付け、会話に集中できるような質問型営業が効果を発揮するのです。

オンラインでの質問型営業の必要性

面会と同じような状況がつくれるとしたら、オンライン営業は何ら問題がなくなります。質問型営業には、それを解決する方法がすでに備わっています。

先ほどあげた営業マンの３つの問題は、どのようにすれば解決できるでしょうか？

「お客様の欲求・ニーズ・課題」を徹底的に聞くことです。それは、直接面会すること以上に大事なことです。直接訪ねて、相手先の会社や個人の雰囲気・空気をつかむことよりも大事なこと、それはお役に立ちたいという誠意であるはずです。

質問型営業の目的は、質問を通して、お客様の欲求・ニーズ・課題を聞くことです。そして、**専門アドバイザーとして的確な提案をすること**です。

だとすれば、面会であろうが、オンラインであろうが、本来関係ありません。やはり、説明型タイプの売り込む感覚があるから、先にあげた3点が悩みとして出てくるのでしょう。

オンラインの活用実例

これまで質問型営業を学んできた人の中で、オンライン営業に切り替えて、成功している方もおられます。

ある人は、質問型営業を5年間活用し、会社で大きく業績を伸ばしてきました。現在、会社でいろいろな企業の立ち上げを任され、今は人材紹介・派遣会社の取締役になっています。特に病院関係の人材紹介を手がけていますが、病院にあまり訪問できないという状況下で、業績を大いに伸ばし、目標を達成しています。

人材紹介業は、就職を希望している人間と、募集している企業とのマッチングが重要です。多くの人は、両者が直接面会することが必要だと考えるものです。そこで、現在の状況を踏まえて、すぐさまオンラインに切り替えました。

就職を希望している人と募集している企業に対して、次のようにしました。

①就職を希望する人にはメールでの応募から、10分の電話面談をし、登録を依頼。オンラインでの面談も依頼する。

②オンラインで応募状況・志望動機などから、自身の現状などを詳しく聞き、紹介先があれば紹介することを伝える。
③募集先の病院についても、メールで対応して、10分の電話で状況を聞き、オンラインでの詳細なヒアリングを依頼する。
④オンラインで状況を詳しくヒアリングし、こちらの条件も伝え、よければ基本契約を結ぶ。
⑤応募者には、紹介先があることを伝え、募集先の病院には、紹介できる人がいることを伝える。互いの面会意志を確かめたうえで、オンラインでの三者面談を実行する。
⑥内容がよければ、2次面談では直接会って、正式決定する。

このように、ほとんどの面談をオンラインで済ませ、効率がよくなりました。ただし、このときに求められるのが、**質問により深く聞き出す力**です。より的確に、重要なことを質問型営業のトークで聞き出します。

この企業の売上は昨年の1・5倍になり、移動経費などは1／5になったとのこと。関西の企業ですが、現在は関東などにも活動エリアを広げています。これは、オンラインでの面談が可能になったからです。

また、保険業でも、オンライン営業で成功している方がいます。

彼が所属する会社は、家や企業に直接訪問する営業を行ってきました。一方、彼はオンラインでの面談を取り入れ、成績アップに役立てています。彼は次のようにやっています。

①紹介をいただいたお客様に直接面会とオンラインでの面会のどちらがいいかを電話で聞く。

②オンラインの場合も面会と同じように、目的を伝え、人間関係づくりを行い、現状―欲求・課題―解決策―直面―提案の順にヒアリングして、提案する。

③契約書を送り、再びオンラインで説明して、契約となる。

ちなみに、当社では、質問型営業研修での指導をすべてオンラインで行っており、ロールプレイングの練習もすべて、オンラインで行っています。練習自体をオンラインでこなすことで、実際のオンライン営業でも効果を発揮しています。

これらは、まさに、オンライン時代の営業をうまくやっている事例です。ここでも重要なのが、**相手とオンラインでいかに深いレベルで会話ができるか**です。

一方的な会話は通用しません。相手を退屈させることなく、集中してもらう会話術が必要です。それも主導権を取りながら、会話をリードしていく必要があるのです。

これが質問型営業のトークですべて解決できるのです。

オンライン営業では紹介から「メール→セミナー→個別面談」の流れをつくる

それでは、オンラインでどのように営業していけばいいでしょうか。

既存客か新規客かでやり方は変わります。**既存客には前もって、メールなどによって面会の目的と予約の確認をすればいい**でしょう。複数で会議などを行う場合は、前もって担当責任者と打ち合わせをしたうえで、事前の資料などを用意して会議に臨みます。

多くの営業マンを悩ませるのが、まだ会ったことのない新規客へのアプローチです。突然、オンライン面会などを申し込んでも応じてくれる確率は低いものです。

そこで、**「フォローアップ」**です。第3章の「フォローアップ」を読み返してみてください。人に会わなくても、紹介があれば、新規客の「アポイント」「アプローチ」に悩むことはありません。

先ほどの保険営業マンの例は、まさに、紹介から始まっていることに気づきましたか？
これもまた、質問型営業のなせる業《わざ》です。オンライン営業に移行してから、**紹介の重要性=フォローアップの重要性に気づいた方は、売上をますます伸ばしています。**

そこで、（紹介された）新規の人が参加しやすいようなアプローチを考えます。それが、次に説明する「メールやSNS↓セミナーの開催↓個別面談」の流れなのです。

①メールやSNS

メールやSNSを使って、セミナーを告知します。このときに商品説明ではなく、問題・課題を解決するための商品セミナーの告知をします。当社ならば、質問型営業の説明ではなく、「営業での問題解決」「業績アップ」についての講演やセミナーを開催する告知です。

②セミナーの開催

オンラインセミナーを開催します。すると、（紹介された）新規の人で興味がある人が集まってきます。極端に言えば、参加者が1名でもオンラインなら開催可能です。むしろ、興味のある人は自分一人でいろいろなことを質問できるので、喜ばれます。

セミナーは、開催告知に書いてある内容で話をして、相手に役立つ時間とするのです。このとき、一方通行で説明するのではなく、質問型営業のトークを使いながら、相手の問題を解決する時間とします。最後にそれをさらに解決する具体的な方法として、相手に役立つ自社の商品・サービスの内容についてプレゼンするため改めて面会の約束を取りつけることです。その際に、採用する、しないは相手に委ねることをしっかり伝えましょう。

セミナーの開催は少人数でいいです。6名までで、感想を聞きながらの形式で行うと、双方向のコミュニケーションがとれて、参加型のセミナーになり、満足度が高くなります。また、参加者とオンラインでコミュニケーションを行うときは、ギャラリーなどの全体が映っている状態で話すと、周りの人の反応が気になって集中できなくなるのでスピーカービューにして一対一で話し合うことです。集中して話し合うことができると、他の人にも役立つ内容になります。

③個別面談

メールやセミナーを経て、初めて個人的に会話をします。マンツーマンで、お客様と話をするとき、お互いがオンラインなので、常に注意を引き付けておく必要があります。そのためにも相手の問題・課題を解決する話題で進めていくことが重要です。

事前に解決したいこと、課題などをメールでもらっておくといいでしょう。できなければ、当日、何を解決したいかを聞いて、そのための時間に費やすことです。

ミーティング（セミナー）・個別面談も事前に内容を明確にする

オンラインでは、**より集中してもらうことが重要**です。そのためには、営業が、**相手の興味を引き続けることができる内容と自信が必要**です。現場の面会よりもさらに強力なものがいるでしょう。用意をしっかりすることです。第４章でお話しした、シミュレーションシートが効果的です。

毎回の面会ごとに、シミュレーションシートを使い、面会での話の手順をしっかりつくってください。当社も、面談、商談、プレゼン、セミナー、グループ研修などの95％以上がオンラインです。それぞれを行うにあたって、必ず書いているのがシミュレーションシートです。その他にも、電話をかけるときにも使っています。

なぜ、それほど書くかというと、話の内容に自信を持てるからです。自信が生まれれば、相手との時間を役立つものにすることができます。相手の望んでいることや状況などをいろいろな角度で考えて、話の内容、手順、時間配分などをしっかり組み立てることができるのです。

大切なのは、相手との話をイメージできるようにすることです。私は、面談、打ち合わせ、研修などを毎日最低でも3件行いますが、それらについてすべて書くようにしています。前もって、前日やその日の朝、時間がないときには、スタートする10分前でも、書いています。

最も大事なことは、その面談の手順、時間配分などをイメージすること。個別の面談のときと、研修のときのシミュレーションシートを添付していますので、参考にしてください。

サンプル

シミュレーションシート（課題解決シート）　　記入日　2021年　1月　15日

（課題・質問形式で）

山本社長との商談をまとめる　90分

1 現状を客観的に書く（現在の状況・気持ち・相手がいる場合はその人の状況・気持ち）※5つで足りなければ右側に番号をふってください

1. 1回目の面談終了。今後のことをさらに明確にしたい
2. スタッフが協力的である
3. 今まで導入したものにあまりいいイメージを持っていない
4. 山本社長は進めたいと思っている
5. 内容、時期と費用についてもさらに相談が必要である

2 欲求

相手　導入して、成果を上げたい

自分　導入して、成果を上げてもらいたい

3 一番の障害（感じ・思い→考え→行動）

今までのイメージを払拭する

4 解決策

1. 前回の打ち合わせの振り返りと感想
2. 今回の導入にあたっての課題や問題を聞く
3. その解決策を提示して、感想を聞き、進めていく

5 行動段階

	行動段階	期限
1.	前回の打ち合わせの振り返りと感想	15分
2.	今回の導入の課題や問題を聞く	15分
3.	そのことについての意見を聞き、その解決策の提示を行う	15分
4.	具体的な内容と費用を提示したことに対しての気持ちを聞く	30分
5.	最終的に意見を聞き、スケジュールなどを決め、最終提案を提示する	15分

6 評価

1. この課題を私は、本当に解決したいの？……（欲望）➡ (Yes)　?　No
2. この解決策で、本当に解決できるの？……（自信）➡ (Yes)　?　No
3. この解決策を本当に行動に移すの？……（決意）➡ (Yes)　?　No

7 記入後の感想

イメージはできている。あとは山本社長の気持ちを固めてもらう

そのためには、徹底的な聞き取りと本音での話し合いが必要

8 振り返り（　　年　　月　　日）

サンプル

シミュレーションシート（課題解決シート） 記入日 2021年 2月 20日

（課題・質問形式で）

当社セルフマネジメント研修の説明会を成功させる 90分

1 現状を客観的に書く（現在の状況・気持ち・相手がいる場合はその人の状況・気持ち）※5つで足りなければ右側に番号をふってください

1. 参加者6名（申込者●、□、▲、■、○、◎）
2. このセルフマネジメントが何をしてくれるのかを知りたがっている
3. 質問型営業と何が違うのか？ どのように補完しているのか？
4. 参加者の課題は何なのか？
5. 当社、私がなぜすすめるのか？

2 欲求

相手 自分を高めたい

自分 さらに進歩・成長・変化させたい

3 一番の障害（感じ・思い→考え→行動）

効果と費用

4 解決策

1. 何を生み出したいのか？ のヒアリング
2. この人生で何を目指し、実行していくのか？
3. 自分の可能性を知り、起爆剤を持てることの提示

5 行動段階

	行動段階	期限
1.	今の現状・課題を聞く	15分
2.	その課題の解決策を提示	30分
3.	そのうえでなぜこのセミナーなのか？	15分
4.	自分自身の体験と参加者の体験談	15分
5.	質問に答え、最終感想を聞き、参加への意向を聞く	15分

6 評価

1. この課題を私は、本当に解決したいの？……（欲望）➡ (Yes) ? No
2. この解決策で、本当に解決できるの？……（自信）➡ (Yes) ? No
3. この解決策を本当に行動に移すの？……（決意）➡ (Yes) ? No

7 記入後の感想

特に、参加者の現状と課題が大事

しっかり聞き取り、その解決策の提示に時間をかける

8 振り返り（ 年 月 日）

見ていただくとわかりますが、解決策や行動段階は、そのほとんどの項目が、聞く内容になっています。いかに質問が重要か、よくわかります。

こちらに注目し続けてもらうには質問が必須

セミナーでも個別面談でも、オンラインで重要なことは、こちらに注目し続けてもらうことです。そのために重要なのが、相手への質問です。**質問により、相手のことに集中し、興味を引き続けること**です。こちら側も注意を引き続けているという実感が必要です。**質問がオンラインという画面越しの面談を内容あるものにする**のです。

面談の場合は、その場に互いがいるために、多少、話がそれたりして間延びしても、何とかなるものです。

ところが、オンラインの場合は、話がつまらなければ、相手は対面のとき以上に別のことを考え出します。ひどい場合は、何か別のことをやりだします。その場にいないだけに、用事をこなし出したり、別の書類を取り出して、別の仕事を行ったりするのです。そうなると、主催者側や営業側は一気に集中力がそがれ、オンラインでの面会に失敗します。

相手に話に集中してもらうことが何より重要ですが、こちらの一方的な話では聞いてもらえないのです。あくまでも、興味を引くのは相手に関係することです。相手の興味関心や、相手自身の欲求ニーズに関わること、問題や課題の解決につながることなのです。

オンラインの面会をスタートするときに、相手の欲求・ニーズ・課題を解決するための時間にすることを告げることです。ここでは、第3章の「アプローチ」の内容をしっかり使っていただければいいでしょう。基本的に、オンラインでも面会でもマンツーマンの場合は、内容は変わりません。

グループの場合は、Ｚｏｏｍなどの「画面共有」機能を使って、パワーポイントで質問を入れながらのプレゼンテーションを行うといいでしょう。パワーポイントの場合は、事前に自社のメンバーに聞いてもらいチェックすればいいのです。相手がいない場合は、自分一人でも、声に出して練習しておくといいでしょう。

最後は個別に、電話やオンラインでマンツーマンでフォローアップをする

このような形で、オンラインで面談やミーティング・セミナーを行い、メールなどで面談を申し込み、個別での話し合いを行います。

オンラインでミーティングや面談を行ってきましたので、最終の決定も、同じようにオンラインや電話で相談しながら行います。これまで、面談で営業を行っていた場合、このような最終決定については、特に気を使い、面談を申し込み、話し合いを行ったはずです。それぐらい、最終決定というのは重要なものなのです。

以前は、面会しなければ進まないという考え方があったかもしれません。ところが今は、面会や話し合いをオンラインで行ってきたわけですから、何ら違和感なく、この最終決定についても同じようにオンライン、電話で進めていくことができるようになります。

提案書、契約書についても同じように、メールなどでやり取りすることが当たり前になるのです。**気がつけば、相手先の会社や本人を一度も訪問することなく進んでいく**のです。

この状況に営業をいかに慣れさせていくか、この状況でできるようになるかが今後の営業における鍵といえるでしょう。

「質問」と「お役立ち」がこれからの時代の主役

今後は、オンライン営業がますます発展することでしょう。したがって、営業も直接会って、お互いに知り合って、話し合うことがなくなってくるのです。

当社でも、直接お会いしていないクライアントの方々が多くなっています。それほど、オンラインが当たり前の状況になっているということでしょう。実際に相手との通信手段だけを考えてみても、スカイプやラインからスタートし、恐るべき変化を遂げています。

ただし、このような手段を使ううえで、これまで以上に重要なことがあります。

それは、**どこまでも相手のことをよく理解しようとする姿勢**です。特に営業は相手の欲求・ニーズを叶え、問題・課題の解決への提案をするので、相手のことを知るという姿勢が必須なのです。

そのために「質問」が重要です。「質問」という技術をどこまで使いこなせるかがポイントになります。

これからの時代はますます「質問」が重要な鍵になるでしょう。自分の主張をするのではなく、**「質問」で相手の気持ちを知り、相手にわかるように提案できるかが重要**なのです。

そして、もう1つはやはり**「お役立ち」**です。**どこまでも営業は「役立つため」にある**のです。企業も個人も目標を達成したいし、夢を実現したいと思って、日々活動しています。その目標、夢というのは何か？　この中に企業理念、個人のミッション、ビジョンが登場します。そこには「地域社会への貢献」「社会の豊かさへの貢献」という項目があるはずです。これが文字通り「お役立ち」です。このお役立ちの考えをもって、営業は成されるべきです。

すでにオンラインとなり便利になって、お客様ともっと手軽に、効率的に連絡を取れるようになっているかもしれません。そこで、これまで以上にお客様のことをしっかり聞き出し、お客様に役立つ姿勢を大事にしていきましょう。むしろ、それらを強化する時代になったということです。これらを外してのオンラインの活用は、効果のないものになってしまいます。

こういう便利な時代になったからこそ、**一人ひとりをもっと大事にする営業を目指す**必要があります。そのために**「お役立ちの心」をもって、さらに「質問」を磨いていきましょう。**

第6章

質問型営業は
なぜこれほどまでの
成果が出せるのか？

「人は思った通りにしか動かない」を営業マン自身に利用する

私の提案する質問型営業は、「人は思った通りにしか動かない」という人の行動原則が大前提です。これはお客様にだけ当てはまるものではありません。営業マン自身にも当てはまるものです。

私が「この方法はいいよ！　いや、間違いないのです！　何しろ、質問型営業は私の22年間の体験と実績。そして、さらに、この12年間の数多くのクライアントの実績から言っているわけですから」と、いくら叫んでみても、それは私の実感でしかないのです。やはり、営業マンは自分自身がそれを実感しないと正直言って動きません。

デービッド・コルブの「経験学習モデル」という学説があります。これは、人とは自らの経験によって学習し、習得するというものです。新しいモデルをただ習っても意味がありません。**自分が実践し、自らの体験をモデル化できて、初めて習得する**ということです。そのときには、自分のモデルとして、人前で話ができるほどです。

「自分自身で体験することが、一番早く習得する最も重要な道」であることが、質問型営業の指導を行うようになって、さらにわかりました。

もちろん、「そうだろうな」と頭の中ではわかってはいましたが、質問型営業で完全に確信を持ったのです。なぜなら、今回は、営業マンが自発的に行動に起こし、自らの体験で再モデル化できるような「システム」ができたからです。特に、このシステムは誰もが実践できるものなのです。

よくセミナーや研修に出ると、講師の方が終わりに、「このことを日常で実践して、身につけてもらうことが最も重要です」などと言っています。ところが、多くの受講者は身につけるまでいかずに、それらを忘却の彼方に葬ってしまうのです。このようなことを繰り返し、受講者たちは学ぶことさえやめてしまうのです。学んでも身につけられないわけですから。

では、どうすれば、営業でこのようなモデルを実践し身につけることができるのでしょうか。

①実践とは、毎日の面会の中で行われる。
②その実践にモデルを取り入れるためには、お客様の面会で、どのようにそれらを行うかのロールプレイングをする必要がある。
③さらに一人ひとりのお客様に対して、具体的にどのような手順で進めるかのシミュレーションを行えば、より効果的になる。
④そのような準備を行ったうえで、実際に面会を行う。
⑤面会の終了後、自分の営業を振り返り、どのように変化したか、どうすればもっと活かすことができるかを考える。
⑥そこに、専門家のアドバイスがあれば、より効果的である。

私は営業のモデルを身につけるためにどのようにすればいいか、真剣に考えてきました。私自身も長い間の課題でもありました。これができなければ、いくら指導しても一緒なのです。

反対に、これができれば、教育の効果は計り知れないものになります。その方法がついにわかったのです。実際に日常で活用し、確実に身につけられる効果的なシステムを編み出したということです。

それが**「ロールプレイング」「シミュレーションシート」「振り返り」**でした。さらにそれを強化するのが専門家との振り返りでした。

これは、「これらのシステムで個人の風土づくり」をすることです。企業でいえば、「企業風土づくり」が人を育てるために重要です。その企業風土、環境が人を育てるからです。

それと同じように、「個人風土づくり」です。その環境、風土を個人でつくらせるのです。

特に、「シミュレーション」「振り返り」は「書く」ことで、自らの行動を常に客観的に見るという環境、風土をつくります。

自分の営業における面会のあり方を常に考える状況をつくることです。これは**営業マン自らが自発的、能動的に育っていく最高の方法**なのです。

シートを与えて、自らの時間で、自らのタイミングで、自らの営業や行動を考え、振り返るのです。さらに、それに専門家がサポートするのです。

この方法はまさに、「人は思った通りにしか動かない」という人間の行動原則に基づいて、自分自身の思いを明確にして深め、強め、自らの意思で動く最高の方法です。

つまり、**「ロールプレイング」「シミュレーション」「振り返り」が営業をつかむ最も効果的な道**といえるでしょう。

営業をつかむ

「営業をつかむ」ということを、ここでは具体的にお話ししたいと思います。そもそも、つかむとはどういうことでしょうか？　人はそれぞれタイプも違いますし、自分なりに得意、不得意もあるでしょう。それに、この本を読んでいる方の職業もさまざまでしょう。それぞれの人がそれぞれに営業をつかむとはどういうことでしょうか？　私は自分のものになることだと思っています。自分の身体に染み込んで、完全に使いこなせるということです。もちろん、成果が抜群に上がるものです。

これは車の運転をイメージするといいでしょう。今まで運転できなかった人が、当たり前に運転できるようになる。自分のものになり、完全にオリジナル化すると言ってもいいでしょう。

では、この状態になる、つまり「営業をつかむ」ためには、どうすればいいでしょうか？　今まで私が話してきた「ロールプレイング」「シミュレーション」「振り返り」を日々行いながら面会を積み重ねていると、ある日突然やってくるのです。
「それはどういうこと?」と多くの人が思われるでしょう。日々の行動の中で、突然、ある場面に出会うのです。その場面を体験したことによって、今まで言われていたことの意味がすべてわかるようになるのです。と同時に、なぜ、そのように言われていたのかの謎が解けるのです。その感覚もわかるようになるのです。

では、その場面とはどのようなものでしょうか？　それは、営業においての面会を重ねていくうちに起こります。それは、お客様に喜ばれ、感謝され、最高にうまくいった営業の面会場面です。

第1章の私の「ある経営者との面会が私の営業スタイルを変えた」という内容を覚えていますか？　もう一度読んでみてください。営業マンのあなたも、面会を重ねていくうちに、必ずやそのような場面に出会うはずです。それは、今までの中でも最高の面会です。

それは、アプローチからクロージングまでの営業の内容が非常にスムーズで、あなたが理想と思っていたような面会場面です。お客様と営業マンのあなたとの面会のときの空気、親しみ感、雰囲気のすべてが最高の感じの面会です。

あなたがお客様との商談の中で感じた快適さや心地よさ、気持ちのよさを味わうと、それはあなたの中に焼き付けられるのです。まるで映画の一場面のように。面会のスタートから終わりまでの感覚を焼き付けます。何とも楽しい気分、営業というよりも古くからの友人と久々に出会い、親交を温めなおしている感覚です。そのような雰囲気で進み、自然と営業が完結した感覚をあなたは強烈に焼き付けるのです。まさに忘れえぬ面会です。

この面会に出会えれば、あなたの営業は完成します。それはなぜでしょうか？　あなたの心と頭にその面会が焼き付けられたからです。

人間には素晴らしい能力があります。それは**「潜在能力」**です。私たちが素晴らしい体験をすると、それがあなたの心と頭に焼き付けられそれを再現しようとして、潜在能力が引き出されるのです。そして、あの感覚をもう一度味わいたいと感じ、その体験へとさらに向かいます。

あなたの最高にうまくいった営業場面がまさにそれなのです。その営業場面の体験があなたの心と頭に焼き付けられ、その体験を再現しようとするのです。

ですから、あなたにとって**最高の営業場面を体験すると、以降、あなたの営業に変化が**

起きるのです。それは、あの最高の営業場面をもう一度、再現したいという気持ち、再びあの感覚を味わいたいという気持ちなのです。なぜなら、あなたにはあの心地いい感覚が埋め込まれてしまったからです。

ここでも「ロールプレイング」「シミュレーション」「振り返り」が役立ちます。これらが感覚をますます冴えさせて、加速を与えてくれるのです。「そうそう、こういう感覚だった！」「この雰囲気、この感じだった！」と営業し、振り返るたびに、その感覚の営業ができるようになるのです。

そうなれば、営業における確率や精度が上がるのは、時間の問題です。あなたが、**営業で面会を重ねれば重ねるほど、あなたはどのようなお客様に対しても、無意識にでも的確に対応できる**ようになるのです。なぜならば、あなたは営業マンとして自らの体験をもって、営業をつかんだからです。

私はこれは誰にでもできるはずだと思っています。大事なことは、営業場面でその体験を起こせるかどうかです。

営業をつかんだ人は「わかりました！」と私に言ってくる

営業を自分なりにつかんだ人は、なんか、ワクワクして、言わずにいられなくなるのでしょうか。私が質問型営業を指導した人の中で、「営業をつかんだ」的な言葉で言ってくる人が何人もいました。その人たちは、一様に「わかりました！」という言葉を使います。

私が質問型営業を企業で指導し始めて、一番最初に「わかりました！」と言ってきた受講生は、ネッツトヨタニューリー北大阪株式会社の箕面小野原店の営業マンの金高真樹さんでした。

私が指導し始めたときに、彼は入社して営業マンとして18年目を迎えていました。それまで営業での年間成績は常に中位でした。「青木さん、それでもね。18年間の中で一度だけ5位に入ったことがあったんですよ。でも、なれないもので、すぐに落ち、いつもの定位置になりましたね」と金高さんは研修中の休憩のときに私に言ってきました。

質問型営業を指導し始めて3か月目に、金高さんが「青木さん、わかりました！」と言ってきました。「何が？」と私が聞くと、「質問型営業のコツというか、やり方がわかりました！」と少々、興奮気味でした。

私が質問型営業を本格的に指導するようになったのは、２００９年からです。この会社は本格的に質問型営業を指導し始めた頃の一社でした。研修期間も6か月でした。

その中での受講生として金高さんは「わかりました！」と言ってきた第1号でした。研修を始めて、わずか3か月目でしたから、私自身は本当にわかったのだろうかと半信半疑でした。そこで、「そうか、それはよかった」と言い、本当にわかったかを確かめる質問をしてみました。

「たとえば、来店されたお客様が重なった場合はどうするの？」

これは、先ほど金高さんが5位に入ったときの話で聞いていたことでした。このときに、同じ時間にお客様がバッティングするときなどがよくあったという話です。それで、お客様を待たせることが申し訳なくて、このときには必死でやっていたというのです。ただ、そのようなことを繰り返して、自分自身が疲れて自滅して、また元の成績に戻ったというのです。それを聞いていた私は、今回はどのようにするかを質問したのです。

すると、金高さんは、「それ、私の前の話ですね」と言い、話を続けました。

「それと同じようなことが先日ありましてね。同じ時間にお客様がバッティングしたので、あとで来られたお客様にこう言いました。**『○○様、申し訳ないのですが、先約がありましてね。お話を聞けるのは、1時間後になりそうなんですね。それでもよろしいですか？』**って。そうしたら、『じゃ、先に買い物すましてくるわ』と言われたんです。そうなんです。だから状況をはっきりと説明して、質問形式で聞けばいいのです」

「なるほど。じゃーこういう場合は？」

「その場合は、――のように質問をしますね」

と矢継ぎ早に質問をしても的確に答えてくれるのです。その答え方も以前よりも自信を持って、落ち着いて答えてくれているのです。私は、金高さんを何とも頼もしく感じました。「これは、本当につかんだのかもしれないな」私の心の中でそんなふうに感じていました。

そして、その金高さんの「わかりました！」という言葉通り、彼はその年、見事ナンバーワン営業マンになったのです。それ以来、5年連続ナンバーワンで、そして、現在もトップセールスの成績でばく進中です。私は彼の変わりようが嬉しくて、「18年間、鳴かず飛ばずの営業マンがトップ営業マンに！」という話をいろいろな講演でしています。

ただ、それ以降も、何人もの営業マンが私に「わかったかもしれません！」「わかったようです！」「いや、やっぱり、わかりました！」と言ってくるのです。そして、私も研修している受講生がそのように言ってきてくれるのをとても楽しみにしているのです。

そのときには、必ず、私の得意な質問によって本当にわかったのかを確かめることにしているのです。

「そうか、よかったね。じゃ、質問していい？」

「いいですよ」

「○○の場合はどうするの？」

「あー。それはですね……」

と言ってくる答えを聞くとともに、営業マンの表情を見ています。何か気づいたことが本当に嬉しそうな、楽しそうな、そんな感じなのです。これは、営業マンが質問型営業を通して、営業の感覚が全く変わったからなのです。それは、仕事から人生そのものまで変わってくる兆しなのです。

なぜならば、**営業や仕事への見方やとらえ方、感じ方、考え方の変化は、当然人生にも大きく影響を与える**からです。

そのときに、私の中に本当に嬉しい気持ちが湧き上がってきます。「この営業マンは私が質問型営業をつかんだときと同じような感覚を持ったな。それは、営業が開け、仕事が開け、人生が開けたような感覚なんだよな。よかったな」と思うのです。

シンプル・イズ・ザ・ベストこそ、成果の出る秘訣

私は営業の現場を体験してきて、いつも疑問に思うことがよくありました。それは営業研修と営業現場の違いです。

たとえば、クロージングの方法を研修で習います。「クロージング方法には5つのやり方がありまして……。まずは仮定法……。次は選択法です。次は……」なんて、営業を始めたばかりの私にとって、営業研修では初めて聞くことばかりでした。その講師の話す論理的で心理学的なクロージングへの進め方などを聞くと、「なるほど!」と、感心し感激

しました。ところが、問題はここからです。

実際の現場でいざクロージングになったときに、この5つのやり方に惑わされるのです。「えっーと。この場合は、仮定法だったかな?・」なんて迷っていると、お客様との話までぎこちなくなってしまうのです。結局、営業マンの私が混乱して、自信を持っておすすめするどころではなくなるのです。

営業におけるアポイントやアプローチ、プレゼンテーションの各場面においても、私は当時、習えば習うほど混乱をきたしました。もちろん、このようなことになるのは私が未熟だからです。しかし、当時の私のように、未熟な人でもできて、なおかつ成果の上がる方法はないかというのが、私の営業において考えてきたことです。

そして、たどり着いた方法は、**「シンプル・イズ・ザ・ベスト」**です。これが、私が36年間営業現場を常に経験してきて、また実際に営業コンサルティングとして、営業現場に今でも同行して指導している私の結論です。なぜなら、複雑では現場で実際に活用できないからです。ですから、私の提唱する営業は常にシンプルです。それは次のようになります。

①今までお話ししてきた2つの原則（「営業はお役立ち」「人は思った通りにしか動かない」）に基づいて、「質問」を基本として営業を行うこと。質問でのコミュニケーションの方法（「好意―質問―共感」）と、質問の段階（「現状―欲求・課題―解決策―直面―提案」）を明確にする質問型営業の方法を指導する。

②この基本に基づき、それぞれの企業（業種）、営業先（新規・既存）の質問による営業のトークスクリプトをつくる。そこから出来上がったアポイント、アプローチ、プレゼンテーション、クロージングの質問トークをほとんど一種類にする。

③その質問トークを一人ロールプレイングで覚え、次に二人でロールプレイングを行い、お客様の答えが出やすいような話し方や間の取り方、そして共感などを練習する。質問トークを簡単にすれば、誰もができるようになる。

④この質問トークを持って、現場に向かう。このときに簡単に「シミュレーションシート」などで、そのやり方を再確認。企業では私も現場に同行して、そのやり方をチェックする。

⑤今日一日の面会を簡単に「振り返りシート」で行う。どのようなことが起きたか？　うまくいったことで自信を得る。うまくいかなかったことで進歩・成長・変化のきっかけ

にする。また、この報告を上司や当社にして、アドバイスをもらう。

ここでのポイントは、②のそれぞれの質問トークを1つずつつくり、それを徹底的に練習し、現場に向かうことです。現場でそれを使うと面白いことが起こり出します。それは、まず、**お客様に質問すれば、お客様は不思議と話してくれる**ということです。話してくれれば、コミュニケーションが活発に行われます。これによって、**営業マンが一方的に話をすることがなくなる**のです。

コミュニケーションが始まれば、次に段階的な質問トークに持ち込めます。そうすると、お客様が提案したい商品の分野の欲求・ニーズを持っているかがわかるようになります。ここでお客様を見極めることができたら、自分の商品・サービスを無理強いすることもなくなります。お客様の興味・関心のレベルを聞け、それぞれのお客様に対して、A・B・Cのランク分けができるようになり、今後のお客様への対応方法がわかります。

興味のあるお客様に対しては、さらに、質問を進めて、欲求を高めることができます。具体的な情報提供というプレゼンテーションをお客様の意思により進めることができるようになるのです。

この経験を通して、営業マンは次第にわかることがあります。それは、「営業とは営業マンがお客様を契約へ運ぶことではない」です。**「営業とは、お客様が自らの欲求に従って契約に進まれることを営業マンがサポートする」**ことです。主体はあくまでお客様にあり、営業マンはサポーターです。このことを営業マンがわかり始めるのです。そうすると、どのようになると思いますか?

今まで話してきた私と質問型営業を取り入れた事例の方々のように、成果が楽に出るようになります。何よりもお客様に感謝されて楽しい営業ができるようになるのです。

嘘のような本当の話。質問型営業が身につくまでの期間はわずか3か月

最後の最後に重要なお話をします。それは、質問型営業をつかみ、身につけられるのは、わずか3か月ということです。

先ほど「営業をつかむ」の項で、人間は「潜在能力」という素晴らしい能力を持ってい

るという話をしました。その中の素晴らしい能力の1つが**「適応能力」**です。この適応能力はすべての人に与えられている能力です。たとえば、なれない土地に引っ越しても、3か月もすればその土地になじみます。これは適応能力があるからです。

私が研修でいつもお話しするのは車の運転です。3か月ぐらいで免許が取れ、「いざ路上に出て運転を！」なんて思っても、最初は「本当にこんな車の多い道を運転できるの？」って感じでビビってしまいます。このように恐る恐る運転していた人が、さらに3か月もすれば、もう当たり前に運転をしています。これこそが適応能力なのです。

その能力を使えば、営業も運転と同じように身につけることができるのです。特に、営業で使うコミュニケーションについては、子どもの頃から授業で習っていません。小さい頃から両親や周りの大人たちが話すのを見よう見まねでしてきたことによって、確かに話すことや聞くことができるようになりました。ただ、それだけなのです。営業のようにある目的へと向かって進めていくコミュニケーションについては何も習っていないのです。

ですから、車の運転と同じように営業も習えばいいのです。今まで知らなかったことを身につけるということでは同じです。車の運転と同じように毎日訓練すればいいのです。

もちろん、営業で使うコミュニケーションは、多少なりと、経験の中で習慣になってきているものもあるでしょう。それがあっても、そんなに難しくないのです。私が質問型営業を指導して身につけてきた人は本当にたくさんいます。ですから、大事なことは、これを学習と訓練で身につけようと思うかどうかなのです。

この営業法を身につけようという気持ちさえあれば、そのための「システム」がこの質問型営業にはそろっているのです。だから3か月なのです。

そして、3か月で身につけることができたら、どうなると思いますか？ **あなたの今後の人生の中から、少なくとも営業の悩みがなくなる**のです。もちろん、よりレベルアップするための営業の中での課題は出てくるでしょう。

しかし、営業そのものについては、自分の中に、原則と方法が確立されるので、根本的な悩みがなくなるのです。悩みどころか、あなたはますます自分自身の営業を高め、力をつけていくはずです。

なぜ、それが言えるか？　私自身がそうだからです。過去の私は本当に悩み多き営業マンでした。それが身につけてからは一切悩まなくなりました。

私に「わかりました！」と言ってきた営業マンも、ますますそれを機に伸びてきています。私がびっくりするほど伸びてきていると言っていいでしょう。もちろん、成績を上げています。そして、人生を楽しむようになっているのです。

ぜひ、質問型営業にチャレンジしてください。その方法とは、今までにお話しした「ロールプレイング」「シミュレーション」「振り返り」なのです。そして、適応能力をもって、それを身体になじませてください。そして、営業現場に出ていくのです。

そうすれば、本章の「営業をつかむ」の項でお話ししたような営業場面が出てくるはずです。その営業場面の素晴らしい体験ができると、それがあなたの心と頭に焼き付けられます。あとはそれが現実の中で何回も起きることを体験するだけです。

このように、あなたの「潜在能力」と「適応能力」を使い、完全に営業をつかむのが約3か月。あなたにとってのこれからの3か月。あなたが質問型営業をつかみ、本当に楽しく、嬉しく、感謝される営業に変わり、それが人生にまで反映されることを信じています。

おわりに

「このままでは完全に行き詰まるな」

インターネットが広まりだした1997年。人材教育カリキュラムの営業で中小企業の経営者にアポイントを取ってはプレゼンテーションを行っていました。そのアポイントの取れ方が極端に悪く感じだしたのがこの時期です。営業の第一線で活動してきた私はアポイントの電話のたびに、この言葉が心から湧いてきたのです。

では、今までの13年間は充実した営業をしてきたのか？　答えはノーでした。営業において数多くの問題をずっと抱えていました。

「お客様を常に発見しなくてはいけない」

「お客様が前のめりで話を聞いてもらえないので、少々強引でも説明しなくてはならない」

「人間関係をつくらないと買ってもらえない」

「常に熱意という言葉のもとに売りつけている気がする」

「お客様が商品を買っても熱心に使ってもらえない」

「その結果、紹介で広がらない」など。細かなことを言えばまだまだありました。これらの問題を心に押し込みながら何とかやってきました。仕事に、営業に、そして将来に不安を感じながらやっていました。それがインターネットの出現でこれらの問題が一気に噴き出してきたのです。私の中で何とか踏ん張ってやってきた営業への張り詰めた糸が「プチッ」っと切れたのでした。私は全身から力が抜け、脱力感に満たされました。営業への気持ちは完全に切れました。もう営業ができる気力は残っていませんでした。

私は最後の力を振り絞って、現在の営業に対して見直しをはかりました。「何のために営業をしているのか?」「お客様は誰なのか?」そして、「どういう営業が必要なのか?」「当社・私の強みは何なのか?」をもう一度考えてみました。

今までも行き詰まったときには何度もこれをやっていました。そのときは答えを外から必死で探しました。本やセミナーで、いろいろな人の話を聞きました。そして、答えを見つけ、何とか乗り越えてきました。この13年間、私は営業についても勉強をしてきましたし、投資もいっぱいしてきました。しかし、この答えを外から見つけるという方法は私の中ですでに色あせ、効果がなくなっていました。なぜなら、私にとっては急場しのぎで、結局、根本的な解決にならなかったからです。

そこで、今回は一切外からの答えに頼りませんでした。つまり、本やセミナーに行くこともなく、仲間との話し合いもしませんでした。私が行ったことはどこまでもただ「自らへの質問」でした。自らに質問を投げ与え、その質問と対話を繰り返し、出てきた答えを紙に書き落としました。

いろいろと解決法が出てきましたが、それらが不思議と1つの方向に集約されてきました。そして行き着いたことは人の行動原則「人は自分の思った通りにしか動かない」と、仕事の原則「営業（仕事）とはお役立ちである」でした。今まで嫌というほど営業経験を積み重ねた私はこの答えに納得できました。

「ああーやっぱりそうか……。そうなんだよな」

この2つの原則は今までもそれとなく感じていたことでした。しかし、私の中では認めたくなく、目を伏せていたものでした。なぜなら、「人は思った通りにしか動かない」ということは「説得しても無駄」ということになります。そして、「営業とはお役立ちである」ということは「どこまでもお客様の立場に立つ」ということです。これを認めると、多少強引でも「これが熱意なんだ」と今まで自分に言い聞かせて売ってきたことができなくなります。それどころか、お客様の望むことをどこまでも聞き、お客様の思い通りにしてあげる営業になるように感じたからです。

「しかし、考えてたどり着いた原則ならしようがない。それに従おう！」、私は腹を決めました。この原則通りやることを、です。ではこの原則に基づいて営業を行うためにはどうするのか？　そのためには①お客様の思っていることを聞く、②お客様のお役に立つために欲求・ニーズを聞くというものでした。

ではそれを「聞く」ためにはどうするのか？　それが「質問」でした。この「質問」は、私自身が先ほどの２つの原則に行き着くために私自身に行ったものでした。つまり、お客様への「質問」は、今まで目を伏せていたものにお客様自身の目を向けさせ、腹を据え判断してもらうものなのです。それこそが、お客様自らの行動を湧き上がらせることができるものだったのです。

それがわかった瞬間、私の中から「そうか！　そうなんだ！　お客様へも質問なんだ！」と私の中から再び気力が湧き上がりました。そして、この質問による営業をやってみようというファイトが湧き上がってきたのでした。

「そうなんだ！　自分自身に質問で問いかけたように、お客様にも質問してあげればいいのだ！」

もちろん、お客様にお会いしたときの質問の方法や段階もいるでしょう。そのことについては本文の中でも書かせてもらいました。私が最後にお伝えしたいことは、この「質問」の価値です。

私たち営業マンは商品を売りにいっているのではありません。私たちはお客様に「質問」を通して人生を見つめてもらうことを行っているのです。私たち営業マンは質問を通して、お客様が今まで見過ごしていたものにしっかりと目を向けて、それをはっきりと見てもらうのです。そして、自身の人生を立ち止まり、過去を振り返り、未来を見て、人生の価値を再確認して、今、何が大事かをしっかりと判断してもらうことを行っているのです。

結果として、お客様の人生や日常に、営業マンの提案する商品やサービスの必要性を感じてもらえた場合は、採用いただけるでしょう。しかし、採用にいたらなくても、そのような面会はお客様の人生のお役に立っているのです。

営業とはお客様の人生へのお役立ちなのです。営業とはお客様を応援する仕事であり、お客様から感謝される仕事なのです。営業とは多くの人々から感謝を受け、喜ばれる素晴らしい仕事なのです。

現代は多くの情報に溢れています。だからこそ、その情報だけに流されたり、判断に迷ったりするのです。このような時代こそ、営業マンが本当に必要なのです。今こそ営業マンは質問を通してお客様のお役に立たなければいけないのです。

そのようなことができる営業マンが人々から頼りにされ、憧れられ、多くの人びとに感謝される時代となったのです。

いよいよ、質問型営業が必要な時代になってきました。あなたの質問型営業マンとしての活躍を期待しています！

２０２１年７月

青木　毅

［著者］
青木毅（あおき・たけし）
1955年生まれ。大阪工業大学卒業後、飲食業・サービス業を経験し、米国人材教育会社代理店入社。88年、セールスマン1000名以上の中で5年間の累積業績1位の実績をあげる。97年に質問型営業を開発。98年には個人・代理店実績全国第1位となり、世界84か国の代理店2500社の中で世界大賞を獲得。株式会社リアライズ（本社：大阪府）を設立後、2002年に質問型セルフマネジメントを開発。大阪府、大阪府警（共に6年連続）、東京都など、自治体への質問型コミュニケーションを担当指導する。08年、質問型営業のコンサルティングを企業・個人に向けてスタート。現在、大手カーディーラー、ハウスメーカー、保険会社、メーカーなどで指導を行い、3か月で実績をあげ、高い評価を得ている。
著書には、『3か月でトップセールスになる質問型営業最強フレーズ50』『3万5000人を指導してわかった質問型営業でトップセールスになる絶対法則』（共にダイヤモンド社）などがある。

［新版］「３つの言葉」だけで売上が伸びる質問型営業

2021年７月27日　第１刷発行

著　者――青木毅
発行所――ダイヤモンド社
〒150-8409　東京都渋谷区神宮前6-12-17
https://www.diamond.co.jp/
電話／03･5778･7233（編集）　03･5778･7240（販売）
装丁・本文デザイン―大谷昌稔
製作進行――ダイヤモンド・グラフィック社
印刷・製本――勇進印刷
編集担当――武井康一郎

ISBN 978-4-478-11347-9